大眾傳播與社會變遷

陳 世 敏 著

學歷：美國明尼蘇達大學博士
現職：國立政治大學新聞研究所副教授

三 民 書 局 印 行

© 大眾傳播與社會變遷

著作人　陳世敏

發行人　劉振強

著作財產權人　三民書局股份有限公司

印刷所　三民書局股份有限公司

復興店／臺北市復興北路三八六號
重慶店／臺北市重慶南路一段六十一號

郵撥／○○○九九九八—五號

初版　中華民國七十二年七月
五版　中華民國八十三年八月

編號　S 89030

基本定價　肆元陸角柒分

行政院新聞局登記證局版臺業字第○二○○號

著作權執照臺內著字第○○○○○號

ISBN 957-14-0639-2 (平裝)

又一株喬木

　　對傳播理論的探究，在國內的規模是很有限的，只有少數近年來學成回國任教的年輕學者在認真地，靜悄悄地甘挨寂寞，做著一些事情，我很幸運有機會跟他們在一個機構裏工作。我從報社走進大學校園以來，最感興奮的經驗之一，就是發現在國內傳播研究的土地上，出現了綠油油的生機。

　　這片生機不只是出現在我個人看得見的地方，而且開始出現在很多人看得見的地方。其中最亮麗的景象，是不過一年左右，李金銓博士的「大眾傳播理論」、汪琪博士的「文化與傳播」、鄭瑞城博士的「組織傳播」紛紛以書本型式誕生。它們都是枝葉茂盛的喬木。現在另一株壯麗的樹又出現了，這就是陳世敏博士的「大眾傳播與社會變遷」。

　　陳世敏博士在本書中把大眾傳播與社會變遷的關係分成下列三個範圍來探討：國家發展、大眾文化和知識分配。在國內，三個主題中，只有大眾媒介與國家發展的關係比較受到注意。媒介與文化以及媒介與知識兩個問題，這是第一次由一位嚴肅的學者作有系統的介紹和深究。

　　關於大眾媒介與國家發展問題，儘管早在聯合國教科文組織二、三十年前開始鼓吹之時，就引起國內若干人士的注意，施蘭謨 (Wilbur

Schramm) 、倫納 (Daniel Lerner) 和羅吉斯 (Everett Rogers) 等人的名字，也因他們的早期著作而在教室中變成「家喻戶曉」。他們那時候的樂觀「學說」甚至遙影響到政府中人士的思考。直到今天，很多人士仍對大衆媒介與「發展」的正面關係沒有半點懷疑。本書生動地追述這個理論傳統的演變，在國內必能廓清一些觀念。

在台灣，關心國家發展的人士固然時常會探問媒介能夠幫什麼忙，但是對媒介與文化的關係，很少認真地提出過問題，自然也沒有人認真作答。大衆媒介的發達與知識差距的可能關係，在媒介疾速發展，資訊產量大增，而分配失衡的臺灣，幾乎沒有人注意這個「民生問題」的資訊社會版。

推行文化建設和建立民生主義社會都是今日中華民國政府與民間信誓旦旦要努力從事的大業。 而且這個大業是在政府大力促進 「資訊建設」 的時代推動。本書的第三和第四兩章介紹了十分有用的相關理論。國內的研究者和為文建與經建描繪藍圖的官員，必能從這些理論中得到益處。對於研究國父思想的人士，這本書也提供一些資訊時代的背景理論，以用來刷新工業時代來到時一位中國偉人所營建的觀念架構。

著者把他自己在國內所作的三個相關研究歸併在本書中，也是一個良好的設計。他用這方法令讀者的目光的焦點不只調整到了「此時」，而調整到了 「此地」。 時地相接就是實。所以， 這是一本實實在在的書。

徐佳士
民國七十二年六月
於臺北市木柵

自　序

　　這本書討論大眾傳播與社會變遷的關係。由於大眾傳播媒介深入社會各層面，這個領域也就變成了許多學科同感興趣的研究範圍。各學科——甚至不同學者——關心這個領域的出發點有別，因此，問題的答案常依一個人怎麼問問題而定。

　　撇開個人的改變不談，如果說，大眾傳播與社會變遷是大眾傳播學（假如有這個學門的話）的主要話題，似乎不算過份。大眾傳播媒介的發展、普及，時間上恰逢第二次世界大戰後世界政治、經濟、教育大變動時代，大眾傳播與種種的社會變遷現象有什麼關係，正是許多學者熱衷談論的話題。

　　本書要談的，是有關大眾傳播與國家發展、大眾文化、知識分配的鉅型社會變遷問題。這樣選擇，難免有強烈的個人偏好成份。然而，研究大眾傳播却專談社會變遷，主要是深感於美國式心理學和社會心理學主宰了過去五十年大眾傳播研究，以致今天我們知道的大眾傳播學，如果略去枝節，實際上就是「美國大眾傳播學」——更明確地說，應該是美國式應用心理學和社會心理學。

　　心理學和社會心理學理論應用在個人或團體的改變，自無可厚非，問題在於社會變遷乃是一種社會現象，不一定是個人或團體變動的集合體，故應在整個社會情境中討論才較有意義，理由至為明顯。大眾傳播是「社會的」活動，比起「個人的」、「心理的」活動要多染上一層意識型態色彩。這就是為什麼美國學者討論國家發展問題離不開刺激與反應、成就動機、人格等模式或概念，但同一問題在其他地區學者手中，卻解釋為帝國主義、依附關係的原因所在。研究社會變遷，正可以提供社會學觀點。

　　這並不表示社會學觀點強過其他觀點，而是社會學問了一些可能被忽略的問題，對於還在摸索方向的大眾傳播學，也許會有一點兒幫助。

　　其次，過去討論大眾傳播與社會變遷的關係，多半侷限在較小的範圍——例如新事物傳散、媒介內容怎樣反映社會價值觀念——把大眾傳播孤立起來研究或採用單純的因果關係概念，而實證研究又多限於一時一地的現象，在在缺乏類推（generalization）效力，因此對於理論建樹貢獻不大。

　　本書偏重理論敘述，選擇了國家發展、大眾文化、知識分配三個同屬鉅型社會變遷的主題，一方面擴大大眾傳播與社會變遷這個研究領域的範圍，另一方面從時間先後順序說明這個領域在研究概念上從「單純因果關係的探討」走向「社會結構的分析」，在關心主題上從「媒介能幫助什麼」走向「媒介如何擴大社會不平等」。國家發展的討論在先，探尋因果關係，關心媒介能幫助什麼；知識分配的討論在後，強調社會結構分析，重視知識的流傳和分配；大眾文化則約略介於兩者之間。這樣一個時間架構是否能夠充分顯示這個領域的研究思潮，可能有爭論餘地，但至少重申前述的信念：大眾傳播與社會變遷的關係，要看你問什麼問題而定。

　　這樣看來，現階段要建立一個理論架構來貫串這三個主題，還有待努力。

　　本書旨在歸納這個領域的研究趨勢，希望從時間架構上引出一些理論線索。第一章說明傳播革命是當代的社會遽變現象之一。第二章、第三章、第四章分別綜述國家發展、大眾文化、知識分配的相關文獻，以呈現這方面有那些理論或概念？形成理論或概念的歷史背景是什麼？爭論焦點在那裏？那些理論架構被忽略了？學術界的批判反省，則盡量以註釋方式列出，以供參考。

　　第五章到第八章是以臺灣為背景的小型研究，部分涉及前述三個主題。第五章「傳播媒介與社會變遷的假說考驗」曾刊登「新聞學研究」第二十九集；第六章「傳播媒介的成長和分配」刊登「國立政治大學學報」第四十期；第七章「接觸傳播媒介在休閒活動中的角色」刊登「新聞學研究」第二十三集。題目或型式曾稍予更動，以符合全書體例。

　　四個研究都整理現有統計資料或研究報告，賦予新意義。其中三個，資料是時間序列的，頗適宜探討大眾傳播與社會變遷。可惜受到原有資料的限制，研究不是十分完整，只能說是提供了若干線索，筆者只希望藉這四個小型研究來強調另一個信念：大眾傳播與社會變遷，或許很難找出一體適用的普遍理論或模式，如何從特定社會結構中分析兩者的關係，才是癥結。

　　加拿大學者殷尼斯 (Harold Adams Innis) 有關大眾傳播與社會變遷的論著，提出了許多異於當今學術主流的解釋，頗能說明分析社會結構的重要性。殷尼斯論述範圍超過本書各章話題，為了避免割裂他的思想，正文中盡量不予引述，而另以一篇譯文列作附錄二。在讀畢第四章「社會結構與知識差距」後，如先閱讀附錄二，相信讀者也較能以批判的眼光，對殷尼斯和本書所談論的問題，形成自己的不同解釋。

　　第九章沒有提出理論性結論，正因為這個領域可能沒有一個正確答案，只有許多不同解釋。要研究大衆傳播與社會變遷在中國社會裏的關係，先接觸不同的解釋，也許有助於思考問題。

　　本書得以完成，要感謝許多人。這幾年與政治大學新聞研究所和新聞系、輔仁大學大衆傳播系同學在「傳播社會學」課堂上的討論，逐漸孕育撰寫本書的具體構想。鄭瑞城教授、嚴沁蕾小姐、內子盧淑都曾直接協助查核資料、校對、出版事宜。徐佳士教授出入中西，也關心大衆傳播與社會變遷的問題，承允予寫序，尤應感謝。

陳世敏

民國七十二年五月

大眾傳播與社會變遷

目　次

第四章　社會結構與知識差距

第一章　緒　論

第一節　傳播革命與社會變遷

近代科技泰半源自西洋。按照西洋說法，德人谷騰堡（Gutenberg）
一四五三年發明印刷機（中國的活版印刷始於北宋畢昇，時爲公元一〇
四一年；韓國人則自認爲他們才是活版印刷的發明人），咸認是人類數
千年文字歷史以來的第一次傳播革命。但大約從一九〇〇年到現在，短
短八十年間，現代傳播科技陸續湧現，大大改變了人類生活形貌。究竟
那一種新發明才配稱傳播革命，並不十分重要，重要的是發明一種重大
傳播科技所需時間愈來愈短，尤其是第二次世界大戰結束以來，幾乎每
隔數年，就有傳播科技上的重大突破。如果把人類傳播歷史比擬爲一天
二十四小時，午夜零時相當於三萬四千年前人類懂得使用語言，從這時
候開始到公元二〇〇〇年，我們所知道的傳播科技，大多在這一天結束
之前數分鐘發明的（Williams, 1982）。其中影響較爲深遠的，是以下
幾項發明：

時 分 秒	科	技
下午		

11.55:47——無線電報、電影攝影機

11.56:48——商業廣播電臺

11.57:40——電腦

11.57:52——電晶體

11.58:02——彩色電視機

11.58:16——史潑尼克衞星升空

11.58:28——第一顆商用衞星

11.58:46——積體電路廣泛使用

11.58:58——電腦記憶量大增

11.58:59——家庭電視錄影機、雷射傳眞

11.59:11——一九八〇年代傳播革命加速進行。家用電腦售價在美金五百元以下、「哥倫比亞號」太空梭發射成功、歐洲國家發射複式衞星、數位電話獲得重大進展……

到午夜所剩的四十九秒，相當於本世紀最後二十年，無人能預料傳播科技會怎樣發展。無論如何，上面這張經過濃縮的時間表，已經說明當代大多數人在一生中目睹一次又一次傳播革命，也躬逢了這些新科技結合使用所引起的資訊膨脹——用較聳動的名詞是「資訊爆炸」。這是一種嶄新的生活環境，勢將大大改變人類生活方式。這種由大衆傳播媒介❶扮演重要角色的新社會，社會學家稱之爲「資訊社會」。

---

❶ 「大衆傳播媒介」通常是指廣播、電影、電視、報紙、雜誌、書籍等技藝。「大衆傳播」則是一種社會傳播。從社會學角度，「大衆傳播」可從三個層面觀察 (Wright, 1975a)：

一、閱聽人的性質——爲數頗大、異質的、匿名的閱聽人。

二、傳播經驗的性質——公開的、迅速的、不耐久存。

三、傳播者的性質——非由個人，而是由一羣人在一個龐雜的組織內運作。

上述標準，當然有例外，譬如書籍、影片、錄影帶都是可以久存的。此外，電腦售價日漸低廉，用途日廣，應可視爲一種新的大衆傳播媒介。

　　回顧大眾傳播媒介發展歷史， 我們可以發現： 每一種重要傳播技藝，都與社會變遷息息相關。語言和文字的發明，與人類文明發凡，是分不開的。西洋印刷機問世後，首先刊印的，便是聖經。書籍較便於儲藏、累積知識，與口語傳播時代全賴聲音，實不可同日而語。威廉斯（Williams，1982）說：

　　　　人類書寫歷史至少已有六千年，但直到文藝復興之後，西方世界的讀寫人口才告大量增加。全民混沌時期，具有讀寫能力的人，便擁有權力和影響力。長久以來，西方世界的讀寫問題，並非只是一般人不會讀，而更是沒有東西可讀。印刷機發明之前，書籍乃是昂貴稀有的物品。（p.36）

　　印刷機導致報紙和其他刊物先後興起，使教育普及，知識世俗化，造就了大批中產階層，日後成為西方國家發展工業的基礎，間接導致民主政治勃興。此等重大社會變遷，一波接著一波，稱印刷機的發明為一次傳播革命，實不為過。

　　電子媒介問世到現在不過一百多年，由電報而電話、電影、廣播、電視，技藝不斷翻新。這些媒介不僅提供更多資訊，也提供聲音和動態畫面，為文字印刷所不能；而千里相隔，音訊瞬間可達，更為印刷媒介所不及。尤其是集聲光畫面於一體的電視機，為人類社會建構了一個嶄新的傳播環境。晚近若干重大事件，像登陸月球、甘迺迪遇刺、教宗保祿二世訪問世界各地、沙達特和比金會談，都在世人注視下寫下了歷史新頁；至於類似世界運動大會、世界杯足球賽等盛會，更是從頭到尾搬進數億家庭的客廳裏。這是第二次傳播革命。

　　通訊衛星基本上是傳統電子媒介的延伸，難謂真正改變了傳播的性

質。但通訊衞星與傳統電子媒介結合，然後再與電腦相連，使訊息傳送更快更多，運用範圍更廣，深深影響了個人的工作、休閒生活，也影響了教育、交通、經濟、政治等社會制度，實在無異於另一次傳播革命。❷ 就社會變遷觀點來看，傳播媒介以加速度發展，人類的資訊環境固然擺脫了時間束縛，同時也凌駕空間限制，使地球似乎變得愈來愈小（見圖一）：

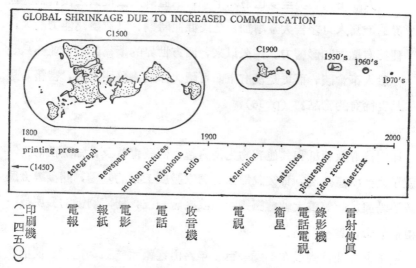

資料來源：McHale, 1973, p.28.

圖一　傳播科技與地球

我們居住在一個麥克魯漢 (Marshall McLuhan) 稱爲「世界村」的小社區，不是因政治或意識型態而結合，而是超越國界和領土主權，由傳播科技凝聚在一起的世界社區。亘古以來，國際政治、經濟和文

❷ 有關傳播技藝的發展和功能，參閱 Masuda, 1981; Hellman, 1975; Gerbner, 1973; Williams, 1982; Cherry, 1971; Bagdikian, 1971; McHale, 1973.

化，從未像現在這樣率一髮而動全身。

　　本書想討論的，就是與大眾傳播有關的這一類鉅型社會變遷。偶而涉及個人的變遷，也只是爲了把某些論點交待清楚而已。

第二節　三個概念架構

　　社會變遷係指社會互動和社會關係所構成的社會結構 有 了 改 變（Parsons，1970；Ginsberg，1970），或是地位、角色的改變（Mayer，1972；Rogers，1969）。此等變遷，可能發生在個人生活裏，也可能發生於團體、社會、或全人類生活裏；它可能是行爲方面的改變，也可能是文化和價值體系方面的改變（蔡文輝，民七一，頁七）。晚近社會學家把社會變遷視爲社會學的中心話題（Goode，1977；Eisenstadt，1970），而大眾傳播研究，也自始即與社會變遷的研究結了不解之緣。從拉斯威爾(Harold Lasswell)早年的宣傳分析開始，到民意、廣告、競選活動、青少年的暴力行爲等許多效果研究，廣義地說，無非是研究大眾傳播與社會變遷的關係。❸ 五十多年來的大眾傳播研究，有關媒介如何影響社會變遷，一直是這個領域的研究主流。

　　姑不論傳播媒介是否爲任何變遷的原因，效果研究的主體往往是社會中的個人；關注的效果，往往是短期效果。與一般常識不同的是：大眾傳播在改變個人態度和意見方面，並沒有想像中那麼有力，由於個人接觸媒介時挑精揀肥而非全盤接受，媒介的作用只在「強化」現存意見和態度而已。這是傳播媒介「有限效果論」，以柯列伯(Klapper，1960)

---

❸ 本文把大眾傳播與大眾傳播媒介視爲同義字。一般而言，前者強調過程，後者常指媒介種類和內容。探討鉅型社會變遷，實不能偏廢過程或媒介本身。

爲主要倡言人。晚近學者則認爲，大衆傳播媒介無所不在，實際上民衆
毫無選擇餘地，故無從逃避媒介的影響。這派學者以諾莉紐曼(Noelle-
Newmann, 1973, 1974) 和麥康斯 (McCombs and Shaw, 1972,
1978) 等人爲代表。他們認爲，傳播媒介具有極大的強化力量，用以維
繫社會現狀、合法化現有社會成規制度，可見並非媒介沒有影響，而是
過去把「變遷」才視爲效果，實在是定義錯了。❹三十年代和四十年代
「最大效果論」再度抬頭——雖然「效果」一詞的定義變了。

　　綜觀這一類效果研究，大體而言，分析對象是個人，方法上泰半採
用抽樣調查法和實驗法，效果是直接的，其涵蓋甚廣，從個人意見和態
度改變到國家發展之類極廣泛的問題，無所不包。說起來，無論是「有
限效果論」還是「最大效果論」，其最大特色應屬研究者在概念上把大
衆傳播媒介視爲塑造者 (molder) 或變遷代理者(change agent)。傳
播媒介能夠隨意把個人或社會塑造成任何形狀，或者拉住不讓它變。在
這個話題下，下文要討論的，僅限於與社會變遷有關的國家發展理論。

　　第二個架構，是把大衆傳播媒介視爲反映社會的一面鏡子。此時分
析對象主要是媒介內容 (再加上少許社會關係或社會互動型態)，研究
方法以內容分析和歷史分析爲主，媒介的作用是間接、隱晦、長期的。
此類研究，常以媒介內容推斷家庭型態、國民性格、價值觀念、政治心
態、社會結構方面的變遷，多半是從傳播內容本身 (包括文學作品、電
影、通俗音樂、新聞、電視連續劇等)，直接推論到創作傳播內容的傳
播工作者，研究其動機、意識型態、傳播技巧；另一方面則從內容推論

---

❹　凱茲 (Elihu Katz) 在此處提出了一個重要的方法學問題。他問: 如果
　　社會不改變，或改變步調減緩，乃傳播媒介所造成的，則我們如何以實證
　　方法顯示媒介沒有造成改變? 見 "Epilogue: Where Do We Stand?"
　　in Katz and Szecskö, 1981, p.268.

訊息對於閱聽人的效果。整體而言，此類研究的基本出發點，是在概念上把大眾媒介當做反映社會的一面鏡子，故有「鏡子理論」之稱。下文要討論的，是其中有關大眾文化的問題。

第三個架構正在逐漸浮現之中，不易冠以一個確切的名詞。這類研究，特別注重資訊的流通和分配是否因為社會結構而顯現差異，由於分析對象是社會階層，我們不妨暫時稱之為「結構理論」。從社會變遷的觀點來看，研究者關注社會結構如何影響資訊流動方向和分配是否均勻的問題；他們以現有統計資料和歷史分析方法，對照「核心」(center)與「邊陲」(periphery)、「有者」(haves) 與 「無者」(have-nots)的資訊接受數量如何因社會結構而增加或減小。本書要討論其中有關資訊差距的問題。

以上為了概念上清晰起見，在探討大眾傳播與社會變遷的關係時，把傳播研究分置於三個不同架構下，分類方式難免有專斷之嫌。❺ 不過，過去有關的討論，確也環繞在大眾傳播媒介究竟引發（塑造）還是跟隨（反映）社會變遷。許多研究結果互有出入，其中一個原因，便是研究者賦予大眾傳播媒介何種角色所引起的。此一立論出發點不 先 澄清，爭論便會繼續下去。因為，持「變遷代理者」（塑造理論）觀點的人，或多或少把大眾傳播媒介視為社會變遷之因，因此在早期討論「國家發展」(national development)，媒介幾被視為促動國家發展的引擎；持「鏡子」觀點的人，卻視媒介為社會制度的一環，新聞的製造（

---

❺　例如，威爾遜 (Wilson, 1981) 就曾提出略為不同的概念架構：反應者、強化者、變遷代理者。見所著 "The Image of Women in Canadian Magazines," in Elihu Katz and Tamās Szecskö, 1981, pp. 231-45.

其次，三種架構不應被視為截然不同的立場。過去的文獻中，三種架構均曾採用「加強」理論和「社會化」理論。可見這是個學術觀點問題。

the manufacturing of news)，足以忠實、客觀地代表現實世界。可惜，上述兩種「理論」，迄今都還缺乏令人信服的實證資料。

第三種架構中，社會結構被視爲大衆傳播與社會變遷之間的中介因素，基本上否定了大衆傳播媒介具有放諸四海皆準的普遍效果，也否定了單一模式的社會變遷過程。這一派理論，自有其歷史淵源，但晚近受到重視，仍由於兩個各自獨立的思潮匯集而成：一個是第三世界傳播研究對於西方傳播模式的反省，另一個是新馬克斯主義批判社會學的興起。他們認爲，大衆傳播與社會變遷，並無一對一的簡單關係，我們應當從一個國家在世界系統（world system）中的角色（「核心」或「邊陲」），以及一個人在社會中的階層（「有者」或「無者」）去瞭解不同類型的關係。

下面要討論的，是「塑造理論」架構中的國家發展，「鏡子理論」中的大衆文化，和「結構理論」中的知識差距問題。這三個話題，都是傳播研究中的持久話題，也都直接涉及大衆傳播與社會變遷的關係。 ❻

不過，此處只討論三個持久話題，追溯其歷史背景和基本立論，並無意介入因果關係爭論。傳播媒介與社會變遷的關係，誠如克拉克（Clark，1978）所說：

　　大衆傳播媒介並非獨自存在，置身於改變我們社會的其他力量之外。媒介不只塑造社會，也被社會塑造。(p.17)

克拉克指出，促成傳播媒介發展的三個主要社會因素是人口增加、社會流動提高、公共事務經緯萬端。人口增加和社會流動提高，使得許

---

❻　這三個話題，純係主觀的選擇，但都環繞在本書主題「大衆傳播與社會變遷」上。這個主題牽涉甚廣，自非一本書所能窮盡。

多原爲私人活動，例如傾倒垃圾、工資等事務，變得牽連甚廣，需由政府制定法律予以規範，民衆必須透過大衆媒介報導，才能知悉這些事件。新聞增加，個人的時間和注意力並非漫無邊際，因此新聞報導便需權衡輕重，依社會需要和民衆的接受能力決定取捨。

以下談到大衆傳播與社會變遷，並不排斥相反方向的影響關係，也不排斥在三類架構裏的研究各有相互牴觸的地方。更困難的是：在浩瀚文獻中，要釐清三個話題，不是有遺珠之憾，就是難免有重疊之處。以後者而言，幾乎三個話題都涉及媒介的「加強效果」（reinforcement effect）；第四章主題知識差距，也在第二章談國家發展時略爲提及——自然是在不同概念下討論的。

第三節　本書結構

本書第二章討論「大衆傳播與國家發展」。這一章又按學術潮流的演變，分別談到現代化、世界資訊新秩序、依附理論三個問題。第三章主題「大衆文化」，是從深受爭議的「大衆社會」這個概念開始，然後討論「大衆文化」研究採取不同理論觀點如何影響了對於「大衆文化」的看法。第四章進一步解析「知識差距」根植於既有社會結構，以及知識社會學與傳播研究的關係。

這三章理論性研討，都刻意分析大衆傳播媒介的角色。第五章到第八章，則以臺灣現有研究或統計資料，試圖解答前三章所提出的部分問題。首先考驗社會變遷的三階段理論，其次分析大衆傳播媒介成長和分配的長期趨勢，接著兩章描繪傳播媒介與生活作息的關係。

第九章結論，強調社會變遷研究需要結合理論和實際研究，並從臺灣大衆傳播媒介發展過程與社會變遷的關係，指出建構社會理論的重要性。

第二章　大衆傳播與國家發展

第一節　歷史背景

　　談大衆傳播與社會變遷，便不能不談國家發展。誠如梅里甘（Millikan，1967）所說，戰後低度發展的傳統社會，在政治、經濟和社會結構方面的遽變，乃源自現代傳播科技，他稱之爲「最根本的工藝變革」。這句話在十五年前或許會被認爲過甚其辭，到八十年代，「傳播革命」、「資訊社會」等名詞，已經不再是一種預言了。卽令個人對於環境的理解，也與傳播科技息息相關。傳統社會裏，個人以身體感官去理解外在環境；現代社會裏，我們卻把感官延伸到大衆媒介，故「耳聰目明，遠勝往昔」。如果不是電視，美國人對越戰的觀感，甚至越戰如何結束，可能大不相同。可見傳播媒介與個人、社會的關係，極爲錯綜複雜。

　　大至社會，小至個人，在衆多層次的變遷中，國家發展，顯然是戰後各國領導階層最爲關懷的問題，因爲戰後西歐國家百廢待興，如何從

廢墟中重新站起來，無疑是極爲迫切的問題；另一方面，亞洲、非洲、拉丁美洲許多國家，脫離殖民地位獨立，也亟望在短時期內擺脫貧窮，以便建立本土意識，在國際社會中立足。這些主觀、客觀情勢下，經濟發展便成爲當務之急，追求經濟成長儼然成爲許多國家的共同目標。

但經濟成長有賴於社會條件配合，大衆傳播工具便是其一。在「聯合國教育、科學、文化組織」（UNESCO）鼓吹下，新興國家紛紛大力發展傳播媒介，尤其倚恃帶來第二次傳播革命的電子媒介。電晶體收音機問世後，收音機價格降到每臺五元美金。新興國家極力推廣平民教育但苦於籌措教育經費之際，收音機不旋踵卽被視爲廉價、有效的利器，決策人士把收音機當做解決師資缺乏、教室不足的「魔盒」。無線電廣播也解決了不識字的障礙，不虞幅員遼濶、地理隔絕，因此被用來推廣教育、傳達政令、提供新聞。其他媒介的際遇雖有不同，在決策人士心目中，期望大衆媒介能促進國家發展，心願則一。

就在這樣的背景下，施蘭姆（Schramm，1964）「大衆媒介與國家發展」一書出版，立刻被戰後新興國家視爲寶典。實際上，施蘭姆是書，乃綜合了倫納（Lerner，1957）、德區（Deutch，1961）等人有關大衆傳播媒介功能的看法，以及當時許多有關現代化問題的分析，並無太多創見。早在一九五八年，聯合國大會曾呼籲各國重視報紙、廣播、電影、電視等工具促進經濟和社會發展的重要性，一九六二年才委託施蘭姆做研究，費時兩年。聯合國教科文組織在這本書的出版前言中，充份表達了當時各國對於大衆傳播媒介的殷切期望：

　　……施蘭姆在本書中檢視了大衆媒介促進國家發展的角色……咸盼他的研究能有助於學術界瞭解此一殊少研討的題目，並有助於發展中國家實際運用這些知識，爲民衆謀求福祉。（Schramm，

1964, viii)

　　媒介具有極大效果的樂觀論調,持續到一九六七年他與倫納合編另一本書「發展中國家的傳播與變遷」(Lerner and Schramm, 1967)爲止。其後十年,兩人在「傳播與變遷: 過去十年及其未來」(Schramm and Lerner, 1976) 一書中, 語調幾乎完全改觀。大衆傳播媒介並沒有帶來預期的正面改變,學者不禁問: 究竟什麼地方出了差錯? 是媒介無能爲力,還是另有原因?

　　到此爲止,發展理論當中的一個學術典範 (paradigm, 也就是分析架構),開始陷入困境。雖然這裏討論的, 只限於大衆傳播媒介與國家發展的關係,但這一學術範疇,是整個發展理論的一部分,不宜單獨討論。廣泛地說, 「發展」一詞,常被視爲是「成長」或「現代化」的同義語 (Berger, 1974; Eisenstadt, 1970),只是發展通常具有較強烈的價值判斷意味。此一導源於西方世界的典範,按一般說法,就是現代化。

　　另一個典範是帝國主義,思想淵源來自馬克斯學派。這一派學者認爲: 帝國主義乃是資本主義社會經濟體制的必然結果,窮國所以貧窮,乃是富國剝削使然,並非它們缺乏資源、技術、現代化制度、或促進發展的文化特質。帝國主義經濟剝削現象,由來已久,但直到一九七三年中東戰爭爆發,第三世界國家挾其石油生產爲武器,要求建立「國際經濟新秩序」, 問題本質才爲之一變, 與大衆傳播研究的「世界資訊新秩序」掛鉤。

　　聯合國教科文組織在一九四五年卽已確立資訊自由流通及新聞報導「追求客觀眞實」的原則。 由於第三世界指控大國通訊社壟斷資訊市場、新聞報導有偏見、新聞單向流通,這個組織在其後多次會議中, 呼

籲第三世界建立地區性新聞通訊社，以匡正新聞壟斷。聯合國教科文組織在一九七〇年的一份報告中，曾縷列問題的癥結（The Twentieth Century Fund, 1978: 44-45）如下：

——發展中國家和其他國家，「關注資訊的單向流通問題」。

——發展中國家已開始要求「更公平收發、參與世界的新聞流通和廣播電視節目，這是追求國際經濟新秩序的一部分」。

——低度發展國家對於日益擴大的南北資訊差距，「以及他們的形象泰半由源自其他文化價值、意識型態的媒介所塑造」，甚感驚慌。

於是，原本就不單純的國際經濟新秩序，因其性質基本上是一種經濟壟斷，乃擴張解釋，援用在資訊流通問題上，形成了「世界資訊新秩序」問題，一時甚囂塵上。一九七六年奈洛比（Nairobi）會議後，聯合國教科文組織成立了「研究傳播問題國際委員會」，以馬克布萊（Sean MacBride）為主席，一九八〇年出版研究報告，書名「許多聲音，一個世界」（MacBride, 1980）。❶

現代化和帝國主義這兩個發展理論的典範，原產生於兩個相當不同的思想和社會背景中，各自發展了一段時期，似乎水火不容。現代化乃直接承襲西方資本主義理論和歷史經驗；帝國主義的發展概念，則師承馬克思主義的精神，但在戰後第三世界新興國家獲得血肉，並經西方若干新馬克斯主義者重新詮釋。兩個典範都有各自的難題。前者過份追求成長，但不是成長沒有如期出現，就是成長必須付出痛苦的代價；後者

---

❶ 有關「馬克布萊報告」的背景、內容、廻響，可參閱彭芸「國際資訊新秩序」，原載「時報雜誌」，收錄於李金銓「大衆傳播學」（臺北：國立政治大學新聞研究所，民七十）附錄一，頁三四六～三五八。另見Whiteney and Wartella, 1982。

一意指控先進國家剝削，尤其是第三世界國家幾乎把未發展的責任完全諉過他人，自己卻提不出辦法對症下藥。

「馬克布萊報告」大體象徵了兩個思想潮流對立立場的結束。書中的「許多聲音」，囊括了兩派學者的對立觀點，但出發點只有一個：解決「一個世界」的發展問題。結論部份總共提出八十二項有關傳播政策的建議，也是折衷兩派觀點。正因爲如此，所以立論並無驚人之處。從發展理論的歷史演變來看，如果說「馬克布萊報告」有甚麼特殊的話，或許是它不相信任何單一的發展「神話」。❷

這兩個典範的性質是甚麼？傳播媒介被賦予怎樣的角色？

第二節　現代化

壹、現代化的意義和性質

「現代化」一詞，意義甚爲分歧，除了上述用作與「發展」一詞同義外，約略可劃分爲兩個方向。第一個方向從個人層次着眼。羅吉斯 (Rogers, 1969) 把「現代化」定義爲「個人從傳統生活方式變成較爲繁複、高度技術、迅速變遷的生活方式之過程」；德區 (Deutch, 1961) 則以「社會動員」(social mobilization) 的概念涵蓋了「現代化」的大部分內容。他認爲，舊的社會、經濟、心理方面的約束，其主要內涵消逝破滅，民衆得以援納社會化和新的行爲方式。此一過程，便是社會動員。

德區列舉「社會動員」的主要指標包括接觸現代生活、接觸大衆傳播媒介、遷居、都市化、放棄務農、識字、提高個人所得。可見「社會

---

❷　以人文精神反省發展理論，駁斥發展「神話」，可參閱 Berger, 1974.

勵員」實與「現代化」無異。 提出類似定義的, 還有倫納 (Lerner, 1957)、芮斯曼 (Riesman, 1950)、殷克列斯 (Inkeles and Smith, 1974)、卡爾 (Kahl, 1966) 等人。其中殷克列斯和卡爾, 均曾設計個人「現代性量表」, 在發展中國家做了多次實證研究。因此, 從個人層次來看, 「現代化」就是個人脫離傳統生活方式, 逐漸具有現代性的過程。❸

從制度或社會系統層次來看,「現代化」與「西化」或「歐化」之間, 常被劃個等號; 有些人乾脆把「現代化」視爲工業化、都市化、世俗化。

華特 (Ward and Rustow) 認爲, 「現代化」係指長期的文化和社會變遷, 能爲社會成員所接受, 而且視之爲有益的、不可避免的、可欲的。 對雷格斯 (Riggs) 而言, 「現代化」是一個國家或社會自願或不自願所發生的一種改變過程, 要與其他更進步、更強大、更有聲威的社會縮小文化、宗教、軍事、技術的差距。❹ 柏格 (Berger 1974) 則指「現代化」是工藝技術衝擊下, 隨同經濟成長所引起的制度與文化變遷。「現代化」是可欲的。

上述定義, 或多或少具有價值判斷意味。艾森斯德 (Eisenstadt, 1966, 1970) 則保持價值中立, 宣稱「現代化」是「引起諸多社會抗議的一種持續社會變遷過程」, 是一種「社會演化」(social evolution)。

綜合以上所述, 如果過濾掉對於 「現代化」 的期望 (價值判斷部分), 則 「現代化」 就是文化的和社會的變遷, 其中包含了器物技能層

---

❸ 討論「現代」(modern) 或「現代性」(modernity) 不在本文範圍。有關這兩個概念的意義、特性、「世人的誤解」, 可參閱 Inkeles and Smith, 1974; Rogers, 1969; 金耀基, 民七十。

❹ 華特和雷格斯的定義, 引述自金耀基, 民七十, 頁一五七~一五八。

次、制度層次、思想行為層次的變遷（金耀基，民七十）。

現代化既然是一種社會變遷，從學術觀點而言，這種變遷與其他社會變遷現象有何不同？研究重心在那裏？艾森斯德(Eisenstadt, 1966, 1970) 指出兩點：

第一，指認現代社會主要的結構特性及社會人口特性。

艾森斯德實際上放棄傳統演化學派的看法，以「分殊化」(differ-entiation) 這個概念取代「專門化」(specialization) 和「複雜化」(complexity)，以說明現代化社會的特性。所謂「分殊化」，是指主要社會組織或體制彼此之間逐漸分離，併入專門性團體或角色，然後變成一個相當獨特而自主的組織。換句話說，這是社會解組以後再度整合的過程，只是整合主要力量乃基於功能區分和角色專化。他認為，在「分殊化」過程中，社會必須創造新規則，以規範各類日漸湧現的新團體和約束這些團體彼此的衝突。可見分殊化是促成社會變遷的主要動力。

第二，由於新的要求和衝突不斷湧現，現代社會必須發展一套新體制來適應變遷。

現代化通常不可避免帶來新問題，是原有成規所不能應付的。艾森斯德指出，分殊化引起社會結構改變，如不設法遏阻或消弭，則不僅持續的成長無法達成，而且社會可能會「崩潰」(breakdown) 或「逆退」(regression)，因此，形成及維持「制度性結構」(institutional structure) 以吸收變遷所引發的衝擊實有必要。但採取何種制度性結構，須視分殊化的程度和性質，還須視這個社會既有取向和資源而定。換句話說，結構分殊化沒有一定模式，故發展何種因應體制，也無公式可循。例如，現代化過程中的種種策略，常依賴精英份子來推動，「多寡頭精英」傾向於設立權責有限的立法團體和民意機構；「專制精英」的作業，多半透過行政系統和官僚體制；由社會運動脫穎而出的「運動

精英」，則常藉一黨獨大的政黨來完成。

艾森斯德有關現代化的理念，始終環繞在結構分殊化這個概念上，並由此引申，認爲因應體制是有條件的。這種看法，頗足以反映七十年代的思潮：一反傳統演化論者，不承認現代化是一種循序漸進、有階段性、有普遍性的過程。發展理論從此步入另一境界，並影響了大衆傳播的研究。

貳、大衆傳播與現代化

從社會演化觀點來看，發展理論可謂淵源流長。但大衆傳播學者特重國家發展，自然是戰後電子媒介普及和新興國家亟於運用大衆傳播媒介協助國家發展所致。發展而強調「國家」，即表示重視國家主權，故範圍比起一般發展較爲狹隘，但理論體系卻難分軒輊。

這段期間大約從戰後到六十年代中期。貧窮國家力求致富，乃以西方先進國家爲鏡子。鏡子顯出的表面現象是：從貧窮到富裕之路，就是社會從傳統蛻變到現代的發展過程，而推動此一過程的最重要動力，則是經濟成長。經濟成長的策略是否成功，端賴「經濟之餅」是否又大又好——因爲一國的財富，在某一時間內，是固定不變的，邁向富裕的關鍵，不在現在分配平均，而在未來分配得更多。一旦這個「餅」變得够大（國家的財富累積到相當程度），則透過某種租稅制度，使財富向下滲透，下階層民衆得以均霑利益，掙脫貧窮桎梏。

在非經濟層面，理論家仍然把經濟發展視爲引擎，非經濟因素只是主要經濟發展過程的條件或助力；經濟成長甚至會帶動非經濟領域的改變和進步，終使整個國家邁向現代化 (Berger，1974)。

此一經濟發展過程，需要人力、資源、資金，甚至需要市場、行銷策略、關稅制度等等整套的西方生活方式。這是落後國家欠缺的。落後

國家旣然無法返回時光隧道，重新走一次西方的發展軌跡，於是在理論家鼓吹之下，想到借助於傳播新科技，特別是無線電廣播——那時候的收音機價格，已經降低到美金五元。

鼓吹最力的——也是有關大衆傳播與國家發展的前期著作——當推下列幾本古典著作：

——倫納（Lerner，1958）「傳統社會的消逝」；

——白魯恂（Pye，1963）編著「傳播與政治發展」；

——施蘭姆（Schramm，1964）「大衆媒介與國家發展」；

——羅氏（Rao，1966）「傳播與發展」；

——貝羅（Berlo，1968）編著「大衆傳播與國家發展」；

——羅吉斯（Rogers，1969）「農民的現代化」。

聯合國敎科文組織曾積極參與，除了支持傳播學者做研究，❺還在非洲、亞洲、拉丁美洲成立數個訓練中心，替發展中國家訓練大衆傳播工作人員，準備發揮媒介在國家發展中的角色。

此一角色爲何？借用施蘭姆（Schramm，1964）的話，應包括下列三項：

一、媒介可以提供有關國家發展的「資訊」；

二、媒介的報導和回饋功能，使民衆有機會參與「決策過程」；

三、媒介能「敎導必須的技術」。

施蘭姆接着開了一張清單，詳列媒介能夠直接做的和間接幫助的項

---

❺ 聯合國敎科文組織支持前述學者做研究，一方面本身也出版了幾本有關的小册子，如 Radio in Fundamental Education in Underdeveloped Areas (1950)；Television, A World Survey (1953)；Developing Mass Media in Asia (1960)；Los Medios de Information en America Latina (1961)；Mass Media in the Developing Countries (1961)；Developing Information Media in Africa (1962).

目。❻其他學者所用的詞彙雖有不同，像「社會動員」(social mobili-
zation)、「移情能力」(empathy)、「成就動機」(achievement moti-
vation)、「社會整合」(social integration) 等，但媒介的作用，大
體都已包含在這張清單上。總括來說，這時期的學者迷信大衆傳播的直
接效果，認爲大衆傳播不僅有助於個人發展，也能促進國家各方面發
展，則「現代化」指日可待。直到六十年代末期，他們才注意到柯列伯
比較審慎的觀點：媒介充其量只有加強效果。

於是，有人開始警覺地提出「非西方發展模式」(Inayatullah，
1967)，有人開始把媒介因素當做因果關係之間的中介變項 (interven-
ing variable)——即媒介一方面受「前因」影響，另一方面本身也影
響了「後果」。前因與後果之關係的正負或強弱，不是直接的，而是透
過中介變項顯現出來 (Rogers，1969)。

無論如何，預期的發展結果並未出現。社會仍在動亂之中，國家意
識尚未建立；識字人數雖略增，但人口大幅膨脹的結果，相對使得「功
能性文盲」(functional illiterate) 增加；平均收入雖有提高，但國
與國、富人與窮人之間的收入差距卻愈形擴大；媒介不但沒有帶來正面
功能，反而污染了本國文化。倫納不止一次感嘆：媒介在落後地區帶了
「日漸昇高的期望」，但期望未獲滿足，竟然轉變成「日漸昇高的挫折」，
甚至導致「軍事統治」。放眼落後國家的發展歷史，幾無一不符這條「
規則」(Lerner 1973，1976)。

一代主流典範「現代化」至此壽終正寢？這是個舊典範？如果是舊
典範，那麼新典範又在那裏？我們似乎必須檢討一下整個「現代化」發展
理論，然後才能明瞭大衆傳播媒介在國家發展中的任務爲甚麼失敗了。

---

❻ 詳細的清單及批評，可參閱李金銓「大衆傳播學」，頁二七八～二八九。
這一時期的研究結果摘要，可參閱 Merrill，1974，pp. 45-62.

「現代化」發展理論的內涵，綜合而言，似可歸納成下列幾項：

—— 發展理論假定人類社會的發展，是逐漸累積而成，直線進行，只有一個方向；發展過程歷經幾個重要階段，並無例外，各階段的變遷現象也都相同。

—— 凡屬傳統社會，便具共同特徵；凡屬現代社會，也可一視同仁。傳統社會與現代社會是相對的，傳統是邁向現代的阻碍。

—— 發展策略是優先發展經濟，當經濟發展到某一階段，自然會帶動其他社會層面的發展。

—— 經濟發展就是追求快速成長，為追求成長就必須先累積財富，然後才能談分配。發展初期財富集中在少數人手裏，終會向下層滲透，澤惠全社會。

—— 成長並無極限，成長的捷徑是引進精密技術和外資。

—— 低度發展的癥結，在於落後國家本身，與外在的其他國家無關。為了提高成效，發展計劃應由中央政府統籌擬定，由上而下，逐層推動。

上述觀點，在六十年代行將結束之際，開始受到嚴厲的抨擊。❼有人聲稱，這個主流思潮已成為「舊典範」；有人聲稱，整個發展理論業已破滅。果真如此，則依據發展理論而推演、賦予大眾傳播媒介的發展任務，也就難怪一無是處了。

批評的論調自有其道理在，不必一一複述。西方模式缺少共同性，落後地區缺少發展所需的結構等等理由，都是在現代化遲遲未能來臨所提出的後見之明。借用西方發展經驗在前，指摘這套經驗背後的心態為

---

❼　參見金耀基，民七十；李金銓，民七十；Berger, 1974; Merrill, 1974; Eisenstadt, 1966, 1970, 1973, 1976; Schramm, 1976; Rogers, 1976; Lerner, 1973, 1976, 1977; Yu, 1977.

「知識上的種族中心主義」(intellectual ethnocentrism)，乃是對於發展理論的一種誤解。「理論」不等於眞理或法則。「理論」只是一時一地某一思想典範所構成的一套抽象的陳述。今天落後地區目睹發展理論之非，是基於現有經驗而來，未見發展理論之是，便驟然拋棄這套「理論」，自己豈不是正好犯了「知識上的種族中心主義」謬誤？我們必須自問：低度發展的根源有沒有可能是其他因素造成，而與「現代化」無關？

施蘭姆對於當前發展典範已成過去的說法，也抱着懷疑的態度。他說，邁向發展可能不像當初想像那麼簡單，可以理出放諸四海的發展通則，因此他主張「囘到原來的設計桌上」(Schramm, 1976: 48)。言下之意，也許是當初所繪的藍圖有出入！

暫時擱下發展理論，如果僅從大衆傳播在國家發展中的功能來看，或許較能看出藍圖與現實之間的距離。

第一，基本立論方面，假設媒介是社會發展的原因，並沒有得到太多實證資料的支持。例如，接觸媒介與移情能力之間，就沒有明顯的因果關係。接觸媒介固然可以提高移情能力，但反過來說，也可能是因爲有很高的移情能力，才大量使用媒介(李金銓，民七十)。此類「相關」研究的資料，不能說明前因後果，目前較宜稱爲「因果互動關係」(Merrill, 1974)。

第二，媒介的效果可能是局部的。它能增加資訊，卻不一定能塑造現代化人格（金耀基，民七十）；它在第三世界很難扮演社會改革的角色，反倒易於成爲社會控制的工具（李金銓，民七十）。

第三，媒介的負面效果，可能大於或抵銷了正面效果。媒介並非萬能，也不能單獨發生作用。

第四，各種大衆傳播媒介，性質有別，功能不一。印刷媒介與電子

媒介，大媒介與小媒介，外來媒介與本土媒介，沒有在發展的不同階段、不同目標上適當地調配運用，可能是原因之一。

第五，媒介內容所負載的有關國家發展的資訊不足。民眾缺乏必需的處理資訊能力和適應能力。

第六，發展中國家缺乏適當的大眾傳播人才，以致發展計劃未能充份溝通，科學知識和新觀念未能廣加擴散 (Schramm，1974)。

以上幾點，旨在說明大眾傳播媒介未能幫助國家發展，關鍵也許不在媒介「硬體」本身，而在媒介的「軟體」——尤其是內容。換句話說，媒介本身是價值中立的，能或不能，與運用者和內容的關係較大。這是一個「人」的問題。這階段裏，各國決策人士究竟怎樣運用媒介？

德蘭尼 (Tehranian，1979) 檢視傳播在國家發展中的角色，發現運用傳播媒介的方式，可大別為三類。

第一類多半是經濟學家，他們把傳播視為發展過程中的「下層結構」(infrastructure)，是經濟成長的先決條件。第二類主要是非經濟學理論家，他們視傳播為社會變遷和現代化過程中重要而必需的因素。第三類是研究工作人員，通常是強調個人層次和媒介效果的社會心理學家，視傳播為社會變遷過程中的可有可無因素，並不特別重視傳播在發展過程中的角色。

傳播學者大多屬於第二類，也就是非經濟學理論家。其中較着重社會心理學觀點的，大體上視大眾傳播為社會動員工具，前面提到的西方「現代化」學者，多屬此類；另外，較援近經濟學家，視大眾傳播為社會控制工具的「帝國主義」學者，多係第三世界和新馬克斯學派的人，將在下節介紹。

「現代化」學者的發展理論提出在前，現在卻顯得支離破碎，不再迷戀媒介的功能；「帝國主義」學者後來居上，把媒介的力量與經濟力

量相提並論。兩者固然在分析對象的層次和範圍不盡相同，但發展理論改變了，以致對媒介的評價竟有如許出入，豈非宣示大衆傳播媒介本身是價值中立的？

叁、轉變中的現代化理論

大衆傳播沒有發揮預期發展功能，並不證明媒介無效，因爲這可能是發展理論和策略不切實際，也可能是媒介運用不當所致。七十年代初期，決策者和理論家經過一番批評、反省、困惑，又開始思索，並特別參酌第三世界的發展經驗。一個發展「新」典範，隱隱在浮現之中。

新的發展典範，乃係西方現代化理論的修正。根據艾森斯德描繪的輪廓，大要如下 (Eisenstadt，1973)：

一、發展過程並非放諸四海皆準，並非人性與生俱來的本質，也非人類社會文化發展的必經之路，而是完全受制於特定歷史階段的現象。

二、發展過程並非純然是時間早晚問題，而是受到某些文化和社會特性所左右。然而，這些力量並不盡然會把發展推向預定目標，而是在不同社會裏引發不同的反應。

三、比起「舊」典範，新的發展過程不把不同社會和文化的性質視爲單純一致。社會現象並無單純的一對一既定關係。文化規範的性質，和社會不同次系統的發展程度、型態，在在可能導致不同的結果。

艾森斯德認爲，現代化的若干問題和假說必須：

更明確地重新擬定。不問舉世通用的有效現代化模式之一般先決條件，而應就滋生不同型態現代性的障礙、不同制度層面下組織發展和現代化的速度，提出更明確的問題……同樣地，不假定「有利於」現代化的各種社會動員模式會有一般性結果，而應研究這些

模式相互出入之處及其影響。(p. 362)

　　換句話說，第二代典範拆穿了單一西方模式的發展迷思，強調發展過程繫於特定文化型態。傳播媒介動員民眾，不是直接的，而是透過基層社會組織。問題在於：發展中國家的社會組織常與工業化國家迥異，

「舊」典範	「新」典範
一、基本意識型態 　　社會演化	文化和社會結構的分殊
二、理論根據 　　1.指數說（index theories） 　　　追求較高的經濟發展指數，如國民所得 　　2.階段說（stage theories） 　　　發展過程有一體適用的歷史階段	1.動員說（mobilization theories） 　態度改變導致觀念現代化 2.企業關係說（theories of entre-preneurship） 　企業精英份子帶動發展 3.馬克斯主義和新馬克斯主義理論 　國際資本主義者的經濟剝削和文化控制
三、發展策略和主要因素 　　1.經濟成長在先，財富向下滲透 　　2.資本密集技術 　　3.中央統籌計劃 　　4.低度發展的原因來自內部	1.兼顧成長與分配 2.關懷生活品質 　傳統與現代技術併用 　較重視中級、勞力密集技術 3.自力更生、自主 　普遍參與、因地制宜 4.同時來自內外
四、大衆傳播媒介的角色 　　1.直接效果、無限效果 　　2.由上而下 　　3.政府爲主體，閱聽人被動 　　4.傳播的目的在說服 　　5.運用大媒介	1.間接效果、有限效果 2.雙向傳播 3.閱聽人導向 4.激發討論 5.小媒介、本土媒介、親身媒介

圖二　大衆傳播與國家發展典範

運用媒介動員民衆以達成發展目標，自應另闢蹊徑。這是「新」典範的精神。

爲了便於比較，茲將新舊典範的若干層面，列表如上。❽

仔細分析，「新」典範並沒有完全放棄六十年代的發展觀念——沒有放棄發展的基本目標，沒有放棄大衆傳播媒介可能幫助做某些事。有了改變的是，萬世一系的模式被「國家發展政策」、「國家媒介政策」取代了。脫胎換骨式的轉變不僅沒有可能，而且沒有必要，卽令在若干高度現代化西方社會裏也是如此——英國和日本現今不是依然保持着若干傳統嗎？

現代化是一個持續的社會變遷過程，尤其在接受和適應外來科技時，不轉變個人的態度和行爲，發展殆無可能 (Inkeles，1974)。此一轉變過程，倫納 (1977) 稱爲「傳播」(Communication)——廣義的傳播包括交通、運輸、通訊、個人談話、甚至符號交換，大衆傳播媒介僅居其一而已。

嚴格說起來，浮現中的「新」典範並未賦予大衆傳播媒介明確角色；廣義的傳播系統，內容是什麼，也未在傳播政策中明白交待。聯合國教科文組織所推動的一系列國家傳播政策研究，❾ 多半提到「發揚文

---

❽ 主要資料來源爲 Rogers, 1976; Tehranian, 1979; Jussawalla and Beal, 1981. 列表目的，是爲了比較，難免有過份簡化，甚至斷章取義之嫌。何況，「新」典範爲何，學者之間看法並非一致。有些人 (Nordenstreng and Schiller, 1979)把發展理論分爲三代，其中第三代的「世界結構」(World Structure, 亦稱「世界系統」) 才是「新」典範。不過，本書是把「世界結構」列入下節「帝國主義」中。

❾ 聯合國教科文組織已出版的各國傳播政策研究，書名 Communication Policies in (下接國名)。又，國際廣播協會(International Broadcast Institute) 也出版了一系列廣播制度個案研究報告，書名 Broadcasting in (下接國名)。

化」、「促進發展」等含含混混字眼。喩德基（Yu, 1977）認為，發展中國家擬定傳播政策，宜從三方面考慮：㈠滿足個人需求抑或集體需求；㈡政府的控制程度；㈢傳播科技的繁複程度。

話雖不錯，但這些大方向似乎沒有完全解答發展政策執行人的迫切問題：具具體體，大眾傳播媒介到底能替國家發展做甚麼？不能做甚麼？

缺乏明晰的答案，原因之一，可能是我們對於大眾傳播媒介的效能，知道得不夠多。現有知識，或係臆測，或係相互矛盾，或未針對國家發展需要，距離實用還有相當距離。例如，前述援觸大眾傳播媒介與個人現代性的研究，幾乎一致認為兩者有關。國內徐佳士等人（民六四）、易行（民六四）也在研究報告中指出接觸媒介——尤其是閱讀報紙——與個人現代性有關。但這些研究也不排除個人現代性較高，可能是教育程度高、經濟能力好、甚至較常旅行以致見多識廣的緣故。以現有知識逕自推斷大眾傳播媒介與個人現代性的關係，時機似未成熟。更何況個人現代性高，集合起來，是否就表示這個社會現代性高？答案實難以確定。

這是知識不足的一個例子。不幸，大多數決策都在知識不足的情況下形成。**浮現中的「新」典範**，是另一個例子。資本主義的「巴西模式」和所謂社會主義的「中共模式」，甚至「坦尚尼亞模式」，曾被不少人視為發展楷模。這些發展模式，有多大適用性，目前已受到質疑。❿其發展成效，柏格（Berger, 1974）不僅嚴予指斥，戳穿其假象，更直接譴責自由主義份子「令人不齒」，因為這些人以東西方價值觀不同

---

❿　參見 Schramm & Lerner (eds.), 1976 收錄的幾篇文章。有關中國大陸的傳播專著，見 Liu, 1971; Chu, 1977, 1978; Chu and Hsu, 1979.

為說辭，贊同某些第三世界國家「為了下一代發展，必須犧牲這一代」，忽視了以道德意識評估社會變遷下所付出的代價。柏格說：

> ……制定發展政策，應當極力避免造成人類的痛苦。痛苦的估計，不僅應該運用到每一種發展模式上，同時亦應用到社會變遷的每一種模式上，不論巴西模式或中共模式都不應例外。以言痛苦的估計，從現有資料來看，這兩種模式在道德上都是無法接受的。……除了巴西之外， 資本主義尚有其他可行途徑； 除了中共模式之外，社會主義亦有其他可行途徑。（蔡啟明譯，頁一四三）

柏格並未開出甚麼有效的良方，只是強調國家發展政策不應忽略政治倫理問題。發展政策應事先估計可能給那一階層的人帶來甚麼痛苦，確頗為發人深省，這是未來制定發展問題必須研究的課題之一。就算西方模式具有萬世一系的普遍性， 西方國家走過這條路所付出的人道代價，似乎沒有理由重現於發展中國家。

肆、傳播政策去向

總而言之，西方發展典範不可能全盤移植，而所謂「新」典範，迄今還缺乏可供實際應用的普遍原則。一個發展問題討論了三十年，問題本質未變（至少在一九七三年石油危機以前是如此），但發展理論似已走到山窮水盡，正應驗了孔恩（Thomas S. Kuhn）在「科學革命的結構」一書裏的主要論點：一個優勢學術典範，常常決定了那個時代的學術思潮。新的發展理論，無疑還在蘊釀之中；大眾傳播在國家發展中的角色，也還有一段路子要走。⑪綜觀近況，大體可以說是少談理論，較

---

⑪ 有關未來研究方向的討論，見 Yu, 1977; de Sola Pool, 1974; Frey, 1973; Davison, 1974.

重視制度層次和社區層次的發展政策和計劃，以社會系統的途徑，分析
發展問題，以便發現社會系統內各部門的關係、關係的方向、關係的強
弱程度。此時，研究和分析工作便顯得格外重要。在這方面，傳播研究者
需分析：一、傳播系統與其內部各要素之間的關係，二、視傳播爲整個
發展系統的一部門，分析它與其他社會部門的關係 (Melody, 1977)。
至於是否應稱之爲「傳播計劃科學」(Communication Planning Sci-
ence)、「發展傳播」(Development Communication)、或「傳播扶助
發展」(Development Support Communication)，便顯得無關輕重
了，因爲儘管名詞有異，當前有關政策和計劃的重心，不外下列幾項 (
Parker, 1977; Rogers, 1978)：

　　一、傳播必須配合其他發展策略，因爲選定傳播目標之後，勢必重
新分配現有發展資源，部分用於傳播。

　　二、傳播設備是否應集中在都會地區或限於交通方便、電力可達的
地區？如果交通和電力問題無法同時解決，資訊服務是否應提前擴大到
全國各地？一般認爲，傳播設備普及，而分佈均勻，不僅較符合社會平
等，而且也是較有效率的發展策略。

　　三、選擇何種傳播技藝，應依發展政策及傳播科技的發明而定。例
如，人造衞星用在幅員廣大的國家，便甚爲經濟。至於其他科技的發
明、費用、工業發展、國際貿易關係等，都應考慮在內。是現代媒介還
是傳統媒介，則非所問。

　　四、建立適當制度，使傳播扶助發展的活動能夠順利推動。舉凡
訊息生產、訊息傳送、使用訊息的配合措施、回饋、評估，都應訂定計
劃，權衡其運用彈性，避免資訊集中在少數地區或內容重複，重視績
效。此外，制度上亦應使資訊服務對象能夠大量參與傳播計劃活動。

　　五、以傳播扶助發展，則訊息要能充分反映閱聽人需求，傳播計劃

亦應注意提供多種傳播通道，以供閱聽人選擇訊息。

　　換句話說，發展要靠自己，邁向發展也不止一條道路；大衆傳播媒介由社會變遷代理者的主要角色，現在已被視爲扶助發展的一環而已。決策者不再迷信「大媒介」（例如全國性報紙、電視、廣播），傳播政策的擬定，也由國家層次轉爲制度層次和組織層次。這些路走得通嗎？也許還需要另一個十年，才能看出端倪。

第三節　帝國主義

壹、帝國主義的意義和性質

　　第一代發展理論到六十年代中期已成强弩之末。開發中國家依恃西方科技，不僅發展成果有限，而且其成果也未由上而下滲透到全國，未使貧窮、落後的階層均霑雨露。其後十年間，第二代發展理論强調現代科技與本土制度的配合運用，試圖從文化特質和社會結構中尋找出自己的發展模式。但確立發展政策和計劃，說起來容易，做起來便覺得邁向現代化的路程何其漫長而步調又何其遲緩，眼見國與國之間的發展程度愈形懸殊，貧富差距日益擴大，第三世界的決策人士和學者，逐漸失去耐性。同一個低度發展問題，這次卻有了不同的答案：外力促成的。

　　這些學者認爲：資本主義體制致力追求經濟成長，亦卽追求市場，故無可避免導致帝國主義。此一理論體系，已在列寧「帝國主義乃是資本主義的最高階段」中闡明，後經馬克斯主義學者加以補充、修訂。

　　根據鄂蘭（Arendt，1951）的說法，歐洲基於人民共識所組成的民族國家（nation-state），在成長時期受到資產階級控制，等到資產階級結合政治力量後，爲追求經濟成長而向外擴張，征服他國，剝削殖

民地，終於形成了帝國主義。

　　今天的第三世界，有些人並不完全認同於列寧的理論，但他們在第二次世界大戰後致力促進國家現代化，結果導致「成長而無發展」，威認是資本主義的罪惡本質使然。柏格指出，它與舊式殖民主義不同的地方，在於：

　　一、新殖民地式的經濟結構，只是有選擇地搾取了殖民地本身發展工業所需的原料。資本主義者的投資雖能促進工業化，但多屬資本密集類型，往往造成發展中國家的失業問題；它以鉅資從外國引進精密技術，卻用來生產當地大多數人買不起的持久性消費品。如此一來，少數人與其他大多數人之間的鴻溝便愈形加大；有限的資源投入資本密集工業，會妨碍社會其他方面的均衡發展。

　　二、在新殖民主義下，外商通常把利潤轉囘母國，而使第三世界國家的支付逆差不斷增加；加上工業化耗費龐大，償臺高築，使支付逆差的壓力愈形沉重。新殖民主義正意味着愈來愈窮，對外國勢力愈加依賴。

　　三、新殖民主義者的主要掮客是外國的多國公司。多國公司在母國政府的政治壓力，甚至武力干預下，與當地特權階級結盟。這是第三世界本身存在的「內在殖民主義」——正如資本主義國家剝削早期的殖民地一樣，本土的優勢階級亦剝削國內其他民衆。⑫

　　這一派學者不少係在美國受過教育的拉丁美洲學者。他們的論調，出自長期積鬱情感的發洩，自有可議之處，但他們指控資本主義滲透第三世界的後果，大部分是有事實根據的。⑬等到大衆傳播學者許勒（

---

　⑫　見中譯本（蔡啓明譯），頁四八～五〇。
　⑬　這裏必須指出，「有事實根據」並不表示工業先進國家的資本滲透一定是第三世界所以落後的唯一原因或原因之一。也許政治動亂、人口膨脹等等因素，才是眞正原因。

Schiller, 1969, 1973, 1976, 1979, 1981) 以多國公司的角色討論「文化帝國主義」（或稱媒介帝國主義、資訊帝國主義），以及其他歐美學者注意到國際資訊流通不平衡的現象，現代化問題才轉變成為晚近深受注目的帝國主義問題。

綜合許勒的觀點，落後國家致力於國家發展，不論國內經濟活動還是與他國的經濟關係，都在大國有形無形控制之下；一國之內的人力資源和天然資源，其分配和利用，深受「全球市場經濟」(global market economy) 工業先進國家的影響。許勒沿用法蘭克 (Frank)、華勒斯坦 (Wallerstein)、亞敏 (Amin) 等人的「世界系統」(world system) 概念，說明國際間經濟分工和資源分配，乃決定於這個國家在世界系統中的地位。凡是經濟發達國家，屬於「核心」，經濟落後國家，屬於「邊陲」。「核心」國家的發展，從歷史上看，實是剝削「邊陲」國家的結果。前者屬於「主宰」(domination) 地位，後者屬於「依附」(dependency) 地位，永無休止，不得翻身，形成一種新殖民主義關係。第三世界身陷此一世界系統中，經濟決策由國外力量左右，利益由外國取得，怎能指望達到「國家」發展？

助長此一主從關係的工具，就是多國公司。多國公司原是帝國主義政治力量的延伸，早有不少論述。許勒的論點所以特別引人注意，在於確認多國公司構成「世界系統」核心，同時又指出許多這一類公司本身就是跨國新聞媒介機構，直接從事資訊生產和傳遞，主宰了國際資訊流動。新聞通訊社、電影公司、電視製作公司、出版商、國際性雜誌都成為「文化帝國主義」的先鋒。

對於這些學者而言，多國公司不論是商業性的還是新聞性的，其基本運作方式並無不同。歸納起來，約有下列數項：

——生產和傳遞商業資料，佔用了國際資訊傳遞通道。

——推銷技術發明（如電視機）和管理方法，並控制當地公司的財
　務。

——以廣告、行銷術、公共關係擴大業務，進而直接干預或併吞當
　地的公司。

——繼產品之後，推銷意識型態，並因爲英語的普及而加強文化和
　政治影響力。⑭

這些現象同樣發生於大衆傳播媒介上。 美國電視機向國外進 軍 在
先，美國製作的電視節目和廣告繼之而至，最後是外國文化和意識型態
傾洩而下，淹沒了本國文化。即令曾經主管美國宣傳政策的前美國新聞
總署署長（曾任職哥倫比亞廣播公司） 莎士比亞 (Frank Shakespeare) 也不諱言：

　　發明於美國的傳播科技，是傳播革命的精髓。運用這些技藝傳
　遞觀念、 資訊、 娛樂， 我們是首屈一指。 我們掌握電影和電視多
　年，現在仍然如此。世人無不知「麥廸遜街」一詞代表行銷技術，
　而行銷也就是觀念的散播。(見 Barnet et al. 1974, p. 145)

　　觀念的散播可能意味著直接推銷產品之外的任何活動，包括擴散文
化、建立公司印象、影響民意在內。隨著多國公司的規模和勢力日漸坐
大，跨國廣告公司的業務日益擴充，使多國公司的時代，實際上也變成
了「麥廸遜街」國際化的時代。經濟與資訊，匯集成一個問題的兩面。
　　於是，第三世界不約而同呼籲建立「國際經濟新秩序」(New In-

⑭　學者討論多國公司或文化帝國主義，幾乎都提到這些現象。除許勒歷年著
　　作外，另參見 Mattelart, 1979; Barnet et al., 1974; Janus, 1981;
　　Tunstall, 1977; Wells, 1972.

ternational Economic Order) 和「世界資訊新秩序」(New World Information Order)。

貳、從「經濟新秩序」到「資訊新秩序」

戰後世界經濟日趨繁榮，從國民生產毛額來看，先進國家和開發中國家均逐年增加，從個人平均所得來看，這兩個世界的民眾，生活均獲改善。但無論國際間還是一國之內，經濟繁榮並未平均澤惠所有民眾。國與國貧富差距擴大，使世界銀行總裁麥納瑪拉(Robert McNamara)喟然慨嘆「身陷窮困，過著非人生活的，佔世界人口百分之四十。發展一事，對他們毫無作用」(引自 Barnet et al., 1974, pp. 123-124)。落後國家雖然得到某種程度的經濟援助，幾十年以來，他們與先進國家的貧富差距，卻仍在擴大之中。

柴利 (Cherry, 1971) 根據經濟成長理論指出，各國經濟成長率相同，如果工業化起步有先有後，則按「複利法則」(compound interest law)，國與國差距加大，殆屬不可避免。他假設兩個國家同以百分之五經濟成長率持續成長，如果其他條件不變，則某國起步晚三十年，結果如下圖。

圖三顯示兩國的財富差距日漸擴大。消彌差距的方法只有兩種，第一是富裕國家大幅降低成長率（如圖三虛線所示，降為百分之三），第二是貧窮國家把經濟成長率提到遠高於富裕國家。由於無人會採行第一個辦法，而第二個辦法又非第三世界貧窮國家的能力所及，「也許我們不應責備富裕國家貪婪無厭，也不應責備貧窮國家懶惰，而應歸因於歷史性時間差距」(Cherry, 1971, p. 101)。即使經濟援助也未必能夠重新分配世界財富，因為富裕國家付出的，終因貿易而收回更多，亦足以擴大財富差距。

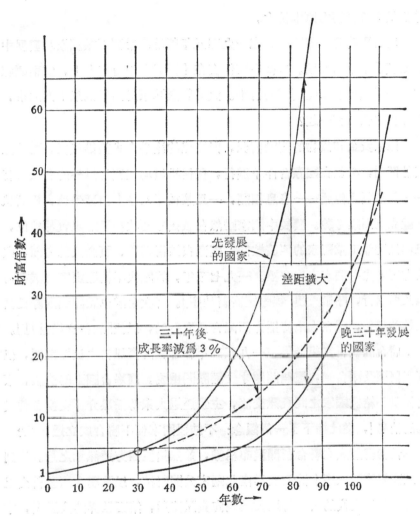

財富倍數 →

先發展
的國家

差距擴大

三十年後
成長率減為 3%

晚三十年發展
的國家

年數 →

資料來源: Cherry, 1971, p.101.

圖三　經濟差距日漸擴大

這或許是歷史的無奈。但激進人士卻等待不及，要求迅速建立「國
際經濟新秩序」。此一呼聲不但與「世界資訊新秩序」出於同一歷史背景，
而且兩個秩序的性質也有甚多相似之處：部分出於歷史性時間差距，部

分出於大國影響力原本較大。

聯合國前身國際聯盟，在一九四五年即已注意到工業國家和發展中國家貿易不平衡問題。戰後各國代表在「資訊自由會議」上，宣稱國際間幾家通訊社有壟斷新聞的情事。貿易與資訊原為兩種截然不同的事，為什麼會糾葛在一起？

原來資金和貨物的流動情況，與資訊的流動方式甚為相似，而國際貿易問題，必須在國際合作下進行，任何措施均與貿易以外的各項事務──例如資訊傳遞──息息相關，一旦某種「秩序」引發爭執，經濟秩序就立刻面臨考驗。發展中國家雖然在戰後略為改善了國際貿易地位，但亟欲脫離工業國家的經濟控制，逐漸在技術轉移、資金流動方面，與西方工業先進國家產生磨擦。一九七三年，第四次不結盟國家會議在阿爾及爾舉行，呼籲重建「國際經濟新秩序」。這次會議也體認到國際經濟系統的調整，需在大眾傳播方面配合採取行動，以便「加強交換意見」。

聯合國教科文組織早在一九五二年即曾檢討資訊自由流通問題，但到了阿爾及爾會議，這個問題才受國際間重視。高峯會議上的決議，原為促進不結盟國家之間資訊交流，主張透過大眾傳播媒介「交換各種成就的消息」，從此播下了一個觀念：不結盟國家何不聯合成立通訊社？

當初構想成立聯合新聞發布組織，並無對抗西方通訊社之意。等到「國際經濟新秩序」演變成為南北國家公開對抗，以及聯合國教科文組織有關意見交換的研究特別強調雙向資訊流通，第三世界的決議案，才威脅到西方新聞界的優勢傳統。第三世界國家認為，富裕國家沒有誠意改變貧富差距現狀；西方傳播媒介沒有以同情的態度報導，甚至沒有報導他們的窘境；西方媒介乃是保護西方利益的工具。於是，兩個「新秩序」終於合而為一。[15]聯合國在這一段歷史中的角色，見附錄一。

---

[15] 這方面論述甚多，無法詳列出處。參見 Whitney and Wartella, 1982.

在兩個「新秩序」之下，多國公司儼然是新帝國主義的代表。經濟方面，多國公司貸款發展中國家，以購買技術和設備，無形中擴大了多國公司的分支機構。發展中國家期望透過國際分工，在多國公司協助下提高生產，增加輸出，使人民收入提高，失業率降低。但實際上，進口是依賴貸款而非依賴貿易條件的改善，在凱恩斯自由競爭市場中，發展中國家對於國際貿易秩序無置喙餘地，等到一九七三年後美國因為國際支付逆差而樹起貿易保護主義藩籬，緊接著石油價格上漲了四倍，工業國家經濟不景氣，造成發展中國家出口萎縮、進口成本提高、債信壓力愈發難以承受。

同樣的，第三世界也把資訊流通的帳，算在多國公司頭上。一九七六年「新德里宣言」(The New Delhi Declaration) 中說：「正如政治和經濟依賴，資訊方面的依賴也是殖民主義時代遺患，適足以阻礙政治和經濟成長。」五大國際性通訊社──美聯社、合衆國際社、路透社、法新社、塔斯社──被指為控制了世界資訊生產和分配，就像其他商業性多國公司控制經濟一樣。

撇開經濟秩序不談，究竟當前有關「世界資訊新秩序」的爭論焦點在那裏？

首先必須注意的是：資訊自由和人權 (human rights) 幾乎同時成為世人關切的問題，因為獲取消息和傳播消息的自由，是重要的人權。沒有資訊自由，人權便難以獨自存在；要人權伸張，則有賴於資訊自由流通。因此，一九四八年聯合國通過「環球人權宣言」(Universal Declaration of Human Rights) 便曾宣稱人人具有「透過各種媒介尋求、接收、發送消息和觀念的自由，不受疆界限制」。看起來，資訊自由流通好像是各國戮力追求的目標，其動機就像追求人權一樣堂皇。

事實上，當前的爭論乃在於資訊「平衡」流通而非「自由」流通。

倡言平衡流通，正是要遏阻自由流通。這是兩個無法相提並論的觀念。第三世界國家認爲，在共黨世界以外的地區，西方國家幾家大通訊社的新聞和意見，大量流入第三世界，形成單向流動，這是「自由」流通的結果。第三世界所需要的，不在於單方接收西方通訊社的消息和意見，而是希望雙方新聞平衡流通。他們認爲：資訊自由流通，就如資金自由流通，是資本主義社會用以壓搾和控制其他國家的一種手段，必將導致強者愈強，弱者愈弱。

以美國爲首的反對者認爲：「平衡」流通勢必以人爲方式干預資訊的蒐集、傳遞、呈現，亦卽由政府出面控制國內和國外媒介，則爲了達成「平衡」流通，豈不是要犧牲「自由」流通？這種作法，恰與西方新聞自由觀念南轅北轍。

第二個爭論涉及新聞品質。第三世界國家嚴厲指控西方通訊社報導發展中國家時，多係帶有偏見，純以西方觀點選擇新聞。爲了迎合西方讀者，在第三世界只有黑暗、腐化、貪污、動亂、愚昧才構成西方記者眼中的新聞；而按照西方社會標準來衡量，第三世界任何努力和進步，在他們眼中均微不足道，不值得報導。

西方記者辯稱：如果追求新聞品質僅指報導光明面，則按照西方新聞事業傳統，可能比追求「客觀」還難，因爲報導負面消息，不僅無可避免，而且是必須的。純粹的新聞報導固然不可一日無之，但新聞媒介也應刊載批評性報導和分析，尤應把稿件寫得生動有趣，才能吸引讀者；沒有讀者，就沒有新聞媒介，這是西方新聞事業的本質，其作業標準自與第三世界不同。他們又指出：第三世界國家由於本身發展政策困難叢生，故指責西方通訊社報導偏差或缺少有關發展的新聞，而其國內新聞管制，使新聞變成政府公報，不僅乏人閱讀，而且容易引起國內外猜疑。

由此而產生的第三個爭論，在於政府應當管制大衆傳播到甚麼程度，也就是對於大衆傳播媒介在社會中的角色的看法問題。自由主義制度認爲，自由報業的精髓，在於媒介所有權和服務對象多元化，尤應免受政府干預和控制；集權主義制度則堅持管制大衆媒介才能服務讀者。當然也有人主張媒介應部分自由，部分作爲國家政策的工具。

這些觀念上的距離——一方主張由政府加強控制傳播媒介是改善國際傳播系統的唯一方法，另一方則認爲政府控制會傷害新聞流通，間接傷害了社會——使改善資訊不適當流通的各種建議，顯得扞格不入。

不論如何，當前世界資訊流通有利於西方而不利於第三世界，是不容否認的。傳播原爲雙向活動，如今不僅是單向，而且是單面，難怪不結盟國家要在新德里會議上，厲聲譴責壟斷資訊無異是殖民時代的延續。

發展中國家的通訊社訂戶少，成本高，自然難與西方通訊社抗衡。西方經濟控制了全球電訊頻道和太空衛星，使經濟問題與資訊秩序相結合，漢梅林 (Hamelink, 1979) 稱之爲「傳播和工業組合」(the communications-industrial complex)，與許勒所謂「軍事和工業組合」(military-industrial complex) 重點不同，但在說明多國公司是媒介帝國主義的「引擎」這方面，意義則一。他們說，如不設法解開這個組合鎖鍊，則無法切斷「邊陲」依附於「核心」的臍帶關係，因爲多國公司控制了大衆傳播媒介，主張資訊自由，只是托辭，背後目的則在經由媒介內容的巧妙安排，達成帝國主義者的經濟和意識型態上的利益或控制。

許勒以批判觀點研究大衆傳播，獲得西歐學者的廻響。芬蘭的諾丹

---

⑯　本節主要參考資料來自 Twentieth Century Fund Task Force, 1978, pp. 21-25。

斯頓和華瑞斯（Nordenstreng, 1977；Varis, 1974；Nordenstreng and Varis, 1974）以實際統計資料，說明西方（特別是美國）電視節目傾洩至低度發展國家，「我愛露西」、「檀島警騎」之類的節目，充斥在亞非國家的電視螢光幕上，資訊自由流通掩遮了資訊單向流通的事實。⑰ 他們又抨擊這些娛樂和新聞節目內容，是在推銷資本主義思想和生活方式，漠視了亞非人民的現實生活，無異是一種意識型態侵略（ideological aggression）。

無獨有偶，拉丁美洲在忍受長期低度發展，對現代化感到失望之際，開始以批判觀點檢討發展困境，形成了詮釋經濟、政治和文化發展的獨特思想取向——依附理論。

叁、依附理論

所謂「依附理論」（dependency theory）或稱「依附模式」、「依附觀點」，一般認爲是巴西經濟學家卡多索（Fernando Henrique Cardoso）杜撰的。⑱ 此一理論旣然試圖解答「現代化」運動所未能達

⑰　李金銓（民七十；Lee, 一九八〇）批評這些研究的資料過於陳舊，認爲晚近電視節目單向流通已不如往昔明顯，不少國家都以政治、宗敎、文化的理由限制外國節目進口。他還以臺灣爲例，指出外國節目並非臺灣觀衆最喜愛的節目，外國節目已不復佔據臺灣電視的黃金時段。

⑱　此係沿襲柏格的說法（Berger, 1974）。卡多索與法雷圖（E. Faletto）一九六七年聯合發表「拉丁美洲的依附與發展」（Dependency and Development in Latin America），原書以西班牙文寫成，英文本到一九七九年才由柏克萊加州大學出版社出版。法蘭克（A. G. Frank）的「拉丁美洲的資本主義和低度發展」（Capitalism amd Underdevelopment in Latin America），也是一九六七年出版，書名雖未提及「依附」一詞，但「依附」則是重要概念之一。是書在紐約出版，又係英文寫成，故日後學者引述依附理論，多從法蘭克，反較不知卡多索。其實，十年之前，也就是一九五七年，巴倫（Paul Barran）已經談到「依附和

成的目標和所遺下的問題，理論觀點自然而然集中在國家發展何以望穿秋水遲遲未見踪影，以及第三世界何去何從這兩個基本問題上。

巴倫（Barran, 1967）率先指出：發展和低度發展，乃是一條雙向街道──資本主義先進國家所以發展，是向落後國家先以貿易繼以殖民的方式，掠奪經濟利益；落後國家所以陷入低度發展，是以資源供輸西方國家，使之更趨壯大所致。落後地區經濟活動雖然日漸頻繁，但只限於種類甚少、以出口為導向的初級生產事業，生產工人自成一個階級，受制於少數地主或商人。這些地主或商人，經濟利益與工業國家的資本家一致，甚至模倣其生活方式。正因為生產範圍狹窄，加上殖民地精英份子的利益與帝國主義結合，落後地區獨立之後，依然無法擺脫帝國主義邁向工業化和進行社會改革。這是「依附」的本質。

法蘭克（Frank, 1967）在依附理論架構下，一方面把低度發展過程正式化（他提出了一些「法則」），另一方面則把國與國之間主宰和依附關係，藉用「都會──衞星」（metropolis-satellite）概念，擴大解釋一國之內同樣存在著類似全球資本主義系統的經濟關係：都市區搾鄉村、地主剝削農人、商人巧取店主、店主搜刮顧客。這種說法，與馬克斯的推理一樣，是一種意識型態而非科學，只不過法蘭克把經濟剝削的重心放在交換關係，而非放在生產關係而已。

巴倫和法蘭克並不像其他學者純粹從經濟觀點討論低度發展問題。拉丁美洲不少財經專家指出，貧窮的原因有二：一是國際市場分工，使拉丁美洲國家只生產少數特殊產品，輸出生原料和食品，一面卻鼓勵工業先進國家生產精密產品；二是資本主義制度下，生產所需的條件和市場，漸

低度發展」（英文本 The Political Economy of Growth. New York: Monthly Review Press, 1967）。在此之前，加拿大政治經濟學學者殷尼斯（H. A. Innis）已討論過此類問題。參閱附錄二。

趨集中或被壟斷在核心地區，長此以往，邊陲國家便居於不利的地位。拉丁美洲經濟委員會（Economic Commission for Latin America）從經濟觀點著眼，認爲低度發展實係外在因素造成，因此建議採取自力更生的發展政策，要在外資支撐下，以國家的保護力量促進工業化，並由「出口替代」轉爲「進口替代」（import substitution）。

工業化被視爲各種依附病症的萬靈藥，何以未能在拉丁美洲奏效？法蘭克的解釋是：工業化本身愈來愈依賴資本主義核心地區的財務、行銷、資本、技術、專利、商標、執照，工業化過程適足以導致依賴加深和更爲落後。他辯稱，早先殖民時代所形成的階層結構，使所得分佈極端不均，以致大爲限制了國內市場。一般人既無購買力，則工業化只是強烈依賴外國進口的零件和技術，生產無裨民生的奢侈產品；另一方面，這種型態的工業化，導致支付逆差，外債增加，對外依附更深。故法蘭克主張採取激烈手段，重新分配世界財富，才是根本解決之道（引自Hoogvelt，1982，pp. 168-169）。

一九八二年年初，各國在墨西哥召開高峯會議（一般稱爲「南北對談」），南方國家卽曾要求重新分配財富，顯然已經承認本土化工業政策迄未能改善國際間貧富差距，「進口替代」政策也因國內工資低落、失業人數增加，所得分配更爲不均而未能促發國內市場需求，結果只好集中在生產少數精英份子所需的產品上。

法蘭克的論調，立刻惹起不少抨擊。[19] 同屬「依附理論」觀點，但對落後地區的發展抱著較爲樂觀態度的，當推卡多索和法雷圖（Cardoso and Faletto，1979）。他們聲稱，資本主義制度的工業化，在拉丁美洲出現，有助於提高生產力——雖然弊端亦復不少。工業化累積資本，創造就業機會，也正因爲如此才產生新的利益團體、新的期望、新

[19] 參見 McGowan and Smith，1978；Sarti，1981．

的矛盾、新的階層衝突。換言之，內在社會結構在外力衝激下，正不停地調適中，這是必然現象。

　　社會在資本主義體系中，面臨「不平等的交換」(Emmanel，1972；Amin，1976)，究竟如何變動？華勒斯坦 (Wallerstein，1980) 把世界系統在「核心」與「邊陲」之外，另劃出「半邊陲」(Semi-periphery) 地區，意指介於前兩者之間的國家，多半傾向於認為自己「比下有餘」而較不覺得「比上不足」。一國之內也有「不平等交換」現象（例如，各行業工資水準不一），整個社會因為追求報酬而加速社會流動，尤其是工業化導致中產階層興起，形成了一股新的社會力量。外力並非一無是處。

　　歸納起來，「依附理論」源自拉丁美洲，實是歷史背景使然。拉丁美洲國家長期處於殖民地地位，戰後努力追求現代化，但成效不彰，咸認原因是資本主義的世界經濟結構，先天即具有「邊陲」依附於「核心」的性質。資本主義以累積財富為最終鵠的，則「邊陲」在貿易關係中雖然獲得少許利益，但資本不斷流向「核心」，使得貧富差距擴大。資本主義的達成，既須以帝國主義為手段，則西方國家向海外尋求經濟利益，殆屬不可避免。地理擴充導致不平等剝削；不平等剝削導致不平等交換；不平等交換導致不平等發展 (Amin，1976)。其他學者進一步指出：形成依附關係的原因，不僅有經濟和外在因素，而且有政治和內在因素。國內貧富不均，大多數人缺乏購買力，使得國內市場需求無法提高，工業化停留在「進口替代」階段，其產品無裨國濟民生。再加上國內精英階層的利益與帝國主義者一致，專事剝削一般勞苦大衆，奢言發展，豈非緣木求魚？下面一段話，頗能說明低度發展國家的處境和「依附理論」的思想背景：

「未能洞察發展就是資本主義的發展，漠視核心和邊陲兩地的資本主義發展史，對當代資本主義的獨特性質體認不够，以及對現代化一廂情願，可說是使得主司發展業務的人士對於發展結果大感吃驚的主要原因。這些現象包括失業率隨著經濟成長而增高，社會偏於兩極化、不平等，新型依附，專制政權。(Sunkel，1976. 引自 Nordenstreng and Schiller，1979，p. 6)

「依附理論」學者走出世界體系的分析架構，強調低度發展癥結在於國內內部結構，被視爲發展理論的第三代典範 (Nordenstreng and Schiller，1979)。但各家論點尚多分歧，連帶使他們提出的解決問題方法，也大異其趣，故傅維爾 (Hoogvelt，1982) 寧可稱之爲一種觀點，不是理論。

的確，建立國際經濟新秩序，究竟應採取激烈的財富重新分配，或採取社會主義路線，「依附」理論家仍然相持不下。他們解釋低度發展，論調近似馬克斯，所以又被稱爲新馬克斯主義——雖然基本立論仍有極大差異，馬克斯強調生產關係，「依附」理論家強調交換關係。「依附」理論家口口聲聲理論不忘兼顧各國特殊歷史事實，可能正是決定「依附理論」能否經得起考驗的關鍵所在，因爲一旦兼顧特殊歷史事實，理論所應具有的高度涵蓋力和解釋力，就相對喪失了。特別是七十年代以來，經濟現象變動加快，第一，第三世界本身依其經濟成長速度，當前境遇大爲不同，不能再概括稱爲「第三世界」；第二，石油輸出國家組織因「油元」驟富，改變了國際政治和經濟關係；第三，多國企業組織在國外的生產總值，超過國際間貿易總值，使世界市場上，生產變得比貿易更爲重要，第三世界中，有些國家因多國公司的投資而獲利，以致改善了國際經濟地位 (Hoogvelt，1982)。「依附理論」如何

解釋這些關係，便要煞費周章了。

肆、媒介帝國主義

　　前述世界資訊流通不平衡，在第三世界[20]成形之後，自然而然轉變成政治和經濟問題：資訊依附於核心國家，與政治、經濟上的依附，如出一轍，係導源於資本主義經濟結構。如果把資訊視爲國家發展的一種資本，則大眾傳播媒介的依附地位，適足以阻礙政治、經濟發展。因爲媒介在資本主義制度下，具有三種基本功能：

　　第一，從政治方面來看，媒介是促成社會整合和提高國家意識的工具。

　　第二，從經濟方面來看，媒介旣是經濟體系的一環，同時又以提供資訊的方式，成爲生產與消費之間的橋樑。

　　第三，從文化方面來看，媒介是沿續文化和散佈價值觀念的重要孔道。

　　因此，媒介的依附地位，便顯得格外醒目。按照鮑依巴瑞（Boyd-Barret, 1977）的說法，「媒介帝國主義」（media imperialism）是指「某國媒介的所有權、結構、傳遞或內容，受制於他國媒介利益的強大

---

[20]　「第三世界」一詞，常與「不結盟國家」、「發展中國家」、「低度發展國家」混用，此處只是沿襲一般用法。值得一提的是，「第三世界」本身已經因發展程度不一，不再是一個能夠顯示各國共同特色的名詞。聯合國及世界銀行的統計報告，過去習慣把各國分爲已發展市場（developed market）、發展中市場（developing market）、中央計劃經濟制度（centrally planned economies），現在已細分爲 industrialised, middle income, low income, centrally planned, capital-surplus oil economies, 有時則分爲 developed market, developing market, least developed, centrally planned, OPEC countries。其中最低度發展國家，目前一般稱爲「第四世界」。

壓力，而未有相當比率的相對影響力」之現象（p.117)，其範圍較「文化帝國主義」窄狹，但卻是「文化帝國主義」中，除正規敎育外無可比擬的最重要內涵。這就是爲甚麼鮑依巴瑞認爲，要研究「媒介帝國主義」，就必須檢視媒介在工業化過程中所扮演的角色。以好萊塢電影事業爲例，他辯稱，製作電影投資浩大，但製成之後加印拷貝卻甚爲便宜，因此，美國電影進軍海外市場（「媒介帝國主義」）乃是電影事業「結構上和經濟上所必需的」。

就從這裏，國與國之間大衆傳播事業的關係，開始脫離資訊流通不平衡的單純描述，進入意識型態的討論。套用政治和經濟依附理論，大衆傳播事業需有廣大市場作後盾，盡力爭取廣告和觀衆（聽衆、讀者）便成爲經營者重要目標，連國營大衆媒介也不例外。低度發展國家仰賴工業國家的新聞和影片，與政治和經濟上「邊陲」依附於「核心」並無二致。一國之內，傳播媒介的地理分佈通常也不均衡，因媒介發展而獲益的，多屬都市居民或社會精英，或是受到外國廣告公司主宰的本地廣告商。換言之，本土媒介對外無競爭力，對內又專事保持少數人的既得利益（Boyd-Barret, 1977; Salinas and Paldan, 1979）。在這種依附關係下，國家發展從何談起！

一九七六年，聯合國敎科文組織分別在哥斯大黎加聖荷西、印度新德里、錫蘭可倫坡集會，討論資訊依附問題，宣稱要匡正殖民時代遺留下來的資訊依附，只有追求自力更生的傳播政策，重申「文化主權」一途。初步的具體行動，除了呼籲第三世界各國重新釐訂傳播政策外，還組織了幾個區域性通訊社，或由各國原有通訊社互相交換新聞。

幾年下來，成效甚微。原因也許不少，但從第三世界學者所倡言的「依附理論」來看，既然依附的根本原因在於資本主義經濟結構，則上述措施顯然不是「媒介帝國主義」的一劑有效藥方。

　　無論是「世界資訊新秩序」的鼓吹者，還是「依附理論」的理論家，似乎都指認帝國主義是百罪根源。他們抨擊資訊不平衡和低度發展，泰半根據帝國主義理論架構，有時則追溯到資本主義制度或此一制度的過程——工業化，但似乎只是片面諉過：帝國主義傷害了第三世界的國家發展。

　　至少，另有人認為帝國主義這把刀傷害了人不是它的唯一作用。❷❶華倫（Warren，1980）逕指資本主義在第三世界業已生根，民眾的生活好轉，生產人力增加，正是帝國主義的預期結果，此時空言依附和低度發展，實係「第三世界民族主義者——保護農民主義者的迷思」（Third World nationalist-populist myth）。他認為，指控第三世界資本主義發展會導致與日俱增的不平等，並無實據，因為經濟快速成長就能導致貧富不均；世界經濟力量逐漸分散，技術依賴正是日後擺脫依賴的要件；當前外國投資國有化浪潮，也給予第三世界較大自主權和控制力。

　　柏格從資本主義社會這方面，批判第三世界對帝國主義的指控（Berger，1974）。他不否認資本主義滲透第三世界所造成的實際後果，但對第三世界一味諉過，頗不以為然。第一，西方過去的經濟成長，並非完全是殖民剝削所取得的。例如，荷蘭在掠奪東印度群島之前，就已具有強大生產力；德國和法國佔領殖民地，對德國和法國經濟而言，究竟是資產還是債務，不無疑問。其次，工業先進國家早期確需第三世界的原料，但今天除了石油外，由於技術革新及其他替代能源先後出現，情勢已然不同，更何況第三世界並非理想的市場，對美國資本而言，投

----

❷❶　此段目的，不在評斷帝國主義功過，更無意（也不能）替帝國主義蓋棺論
　　定。這裏呈現另一面說辭，旨在檢視第三世界學者的推論是否合理。參見
　　Fejes，1981．

資在第三世界的重要性，實遠遜於投資在日本及西歐。第三，西方的富裕，主要來自優良生產制度，所謂資本家投資必然會形成帝國主義的論調，恰與帝國主義理論背道而馳（中譯本頁五二～五三）。巴奈德（ Barnet, et al., 1974）也有極爲類似的看法。

批判「媒介帝國主義」的，還包括英國學者湯士多‾(Tunstall, 1977)。湯士多以英國爲例，懷疑有沒有「媒介帝國主義」這回事。既稱「帝國主義」，則背後應有一定的思想、策略、行動方針。以英國大衆傳播媒介爲例，湯士多認爲英國並無一個全國性媒介政策的決策單位，各種大衆媒介主司官署各異，外務部雖然掌理傳播媒介對外事宜，但對路透社僅有少許非正式影響力；外務部雖可透過經費預算影響英國廣播公司的海外新聞業務，但外務部一向甚少干預；至於書籍、雜誌、電視節目等輸往國外，只被視爲商品，自無過問的情事。

湯士多的詮釋，自然不足以令人完全信服。英國廣播公司總裁是政府任命的，英國政府雖然絕少插手英國廣播公司新聞業務，但可透過任命總裁這一過程，故意指派「適當人選」來控制。其次，一九八二年英國和阿根廷的福克蘭羣島戰爭，英國軍方便曾嚴密控制了新聞媒介，或封鎖消息，或實施新聞檢查。這都不重要。重要的是：凡是「主義」，可以泛指爲一種思想或意識型態，「媒介帝國主義」不必形諸官方，它可以藉媒介工作人員、國會議員、民意等多種壓力，遂行「媒介帝國主義」的實質。英國廣播公司又怎能例外？

既稱「媒介帝國主義」，言下之意，不外壟斷媒介的國家佔盡便宜。湯士多擧出許多理由，說明英國和美國大衆傳播媒介雄霸世界資訊市場的結果，可能反蒙其害，其中有不少臆測，在此不需深究。無論如何，湯士多立論較不偏激，自有值得深思之處。

第四節　傳播媒介危機? 發展理論危機?

　　本章從大衆傳播媒介着眼，探討鉅型社會變遷——國家發展。大體而言，大衆傳播媒介在這範圍內，被賦予「變遷代理者」或「塑造者」角色，被視爲社會變遷之因。學者所關心的，是如何使用大衆傳播媒介促進國家發展。

　　這個問題自二次大戰後存在迄今，但對於媒介和發展的看法，則歷經重大轉變。

　　第一個是社會演化理論所衍生的現代化理論，認爲西方世界從歷史上得到的發展經驗，應該具有普遍性，適用於任何人類社會；西方因爲走過現代化之路而告富強， 則第三世界依樣葫蘆， 自能擺脫貧窮的泥淖；一旦經濟起飛，其他社會層面就會跟進；大衆傳播媒介是促成個人和國家現代化的有力工具，自應善加利用。

　　預期的發展沒有到來，更令人不安的是國際間貧富差距擴大，大衆傳播媒介帶來了一些意想不到的負作用。於是，理論家轉向帝國主義理論尋求答案。低度發展被解釋爲帝國主義者的政治和經濟剝削，是西方資本主義社會的必然出路，帝國主義者透過多國公司，控制大衆傳播媒介，造成世界資訊流通不平衡和低度發展國家的依附地位。

　　兩種理論都受到相當激烈的爭論和批評，但批評者也未能解答大衆傳播媒介爲甚麼未能幫助落後國家發展的問題，致使發展理論顯得極爲軟弱無力。不錯，無論是現代化還是帝國主義發展理論，都爲大衆傳播媒介與國家發展的關係，提供了十分有用的分析觀點，也從這些觀點引發了許多有意義的學理問題，但「發展」一詞過於空泛，顯然不是大衆傳播媒介能够單獨完成各種發展目標。另一方面，大衆傳播媒介具有某

些功能，是無可置疑的。傅高義 (Vogel，1979) 曾詳細分析戰後日本報紙對日本經濟發展的貢獻，便是媒介協助發展的一例。爭論大衆傳播媒介的效果，已成過去，現在應該問的問題，是怎樣使用和在怎樣的情境下使用 (Schramm，1977；Bates，1982)。

凱茲和韋德爾 (Katz and Wedell，1977) 的研究，以概括第三世界實際使用傳播媒介的缺失，或許可以部分解答大衆傳播與國家發展的關係這個久懸問題。他們指出：

第一，亞非國家的廣播制度，多在殖民時代發軔，且多針對旅居當地的英國人、法國人或本國精英份子而設立。獨立之後，其工作人員也都在英法受訓，無心開創新的媒介型態，故亞非國家的廣播內容酷似英國廣播公司或法國廣播公司（拉丁美洲國家則模仿美國），實不足爲奇。

第二，從業人員，尤其是電視工作者，多出身教育程度較高、受西方影響較深的都市地區，對於本土文化所知有限。

第三，電視臺一旦設立，便步上廣播後塵，一天的播映時間甚長，故本國節目迅速告罄，除進口便宜外國影集或通俗音樂節目外，別無良策。

這幾點原因並不周全，也容易引起爭論，甚至是極少見的低調，但這是討論大衆傳播與國家發展三十年來較爲中肯的見解。意思是說：傳播媒介只是工具，就擺在那兒，就看你怎麼去用它，這是「人」的問題，不是媒介能不能促進國家發展的問題。如果媒介的內容離不開好萊塢式的大衆文化，則追求發展，豈非緣木求魚？下一章將從大衆社會談起，討論大衆媒介與大衆文化。

第三章　大衆社會與大衆文化

第一節　大衆社會源起

　　狄福樓（De Fleur et al., 1975）談到「大衆社會」（mass so-
ciety）源起，認爲孔德（Auguste Comte）的社會有機論首先隱含了大
衆社會概念。根據孔德的看法，在有機社會裏，個人和團體各自追求自
己的目標，而整個結果卻使社會和諧穩定，主要關鍵在於專化（speci-
alization），也就是個人自行區分功能。每個人都負有特殊功能，則社
會趨於均衡；但過份專化反而導致社會解體，此時的社會組織無法適當
聯繫個人以維持社會整合，社會上的個人缺乏共同特性，便無法相互瞭
解，終至日漸孤立，進而威脅社會的均衡和諧。

　　狄福樓認爲，孔德以功能專化解釋社會組織的整合或解組，以及個
人在整合或解組過程中心理上與社會的連繫程度，便是大衆社會的理論
基礎，經史賓賽（Herbert Spencer）、東尼斯（Ferdinand Tonnies）、
涂爾幹（Emile Durkheim）等社會學家依據西歐的社會趨勢續予引

申。狄福樓指出:

　　　　簡單地說，社會愈變愈複雜，社會各份子便愈來愈唯自己的目
　　標是問。 在社區裏， 他們喪失向其他人認同、 肯定自己存在的能
　　力，最後變成心理孤立的個人集合體，與他人互動，但舉止內歛，
　　主要靠契約關係結合在一起。(1975，p. 151)

　　狄福樓跨越社會學和大衆傳播學兩個學術領域，他的「大衆傳播理
論」(Theories of Mass Communication) 一書，是少數偏重社會學
觀點的大衆傳播著作，與本書主旨自有相近之處。其次，他的書在一九
六六年問世，可能是系統介紹大衆社會的先期著作之一，影響深遠，不
言可喻。第三，他把大衆社會追溯到古典社會學大師孔德，可謂獨具卓
見——雖然，這些古典社會學家無一人提及大衆社會一詞；雖然，多數
學者主張大衆社會應從工業化談起。他引用早期大衆傳播效果論所依恃
的心理學刺激反應理論來說明大衆社會的特質，自是別有懷抱。
　　狄福樓特別指陳，大衆社會係指個人與社會秩序的關係，例如心理
上與他人孤立、人與人交往缺少親身性 (impersonality)、不受社會
規範約束等等特性，並非指人數衆多的社會。這一點觀察至爲重要，因
爲一般人多以爲人數多就是大衆社會。
　　狄福樓從社會結構以及此一結構中的社會心理特徵，來談論大衆社
會，mass 一字，被視爲同質性極高的一羣人的集合體。其他學者則不
強調「大衆」而強調「大量」(例如 Martindale，1960; Williams,
1976; Baumann，1972)， mass 一字，幾與「大量生產」同義。當
年美國汽車大王亨利·福特 (Henry Ford) 爲「大英百科全書」撰寫
「大量生產」一詞，其意義便不出「以現代方法生產大量標準化產品」。

　　事實上，不少大眾社會理論家的基本想法，始終環繞在大量生產上。光是人口眾多，並不構成大眾社會，工業化的大量生產方法與前述同質性極高的一羣人的集合體，同是「大眾社會」一詞的兩個層面。馬亭戴爾 (Martindale，1960:3) 曾說：「大眾社會的最顯著特性，無疑是生活所需物質和服務的大量生產。」隨著大量生產而來的，則是生產分工、使用機器、講求效率、產品標準化、重視行銷和市場等一系列過程。分析起來，從大量生產這個層面來觀察，大眾社會由三個成份組成：依賴市場、依賴組織、依賴技術 (Baumann，1972)。同樣的，我們熟習的名詞像大眾傳播、大眾媒介、大眾文化，也都具有「大量」這個性質的三個成份：依賴市場、依賴組織、依賴技術。

　　社會具有這些成份，勢將逐漸形成新的社會性格、組織、制度以及人與人之間的關係和文化口味。孔豪惡 (Kornhauser，1968) 在「國際社會科學百科全書」解釋「大眾社會」一詞，說得很清楚：

　　　　「大眾社會」一詞，最好視爲顯示某種關係的模式，可能主宰社會或社會一部分者。諸如「大眾生產」、「大眾傳播」等字眼，係指某種活動有意影響人數極多但彼此或多或少無甚差別的集合體或「人眾」。同樣的，「大眾社會」指社會裏的大多數制度，係用來應付一羣人，其個人態度和行爲相似點較相異點更受重視。(mass society, p. 58)

　　從歷史上看，十九世紀後半期西歐資本主義國家迅速工業化，造成社會、政治、思想的改變，蘊育了大眾社會的幼苗。大量生產固然是理論家心目中大眾社會的一大特徵，其餘如傳播系統無遠弗屆、全民投票制度及政治運動、思想上重視平等和公正，也是與傳統社會重視階級特

權甚爲不同之處。這樣的變遷，不止是物質形體的改變，思想觀念也因而變動。其中討論較熱烈的，是大衆政治和大衆文化兩個話題。下節簡略評介大衆政治，第三節將討論大衆文化。

第二節　大衆政治

根據大衆社會理論，社會結構因工業化而改變，削弱了現代社會的整合功能。由於個人移動頻繁，原本存在於地方社區的初級團體，失去了對個人的約束力；由於工作關係建立於契約關係上，職業團體也難產生嚇阻力；更由於個人孤立和冷漠，所有政治、宗敎、志願性團體，均無法左右個人。此時如果社會遽變，或出現具有領袖魅力的人物，這些與社會結構切斷關係的「原子化個體」，便容易被操縱，參與羣衆運動，出現暴民政治。密爾斯 （C. Wright Mills）的名言「在邁向大衆社會的道路上，最後走到極權主義，大衆傳播媒介脫不了干係」，正是此意。

這個社會爲什麼會成爲「暴民政治」的溫床？席爾斯(Shils, 1971)分析大衆社會的社會秩序，認爲有三個普遍現象：

第一，個人擺脫血緣和鄉里拘束，直接與大社會連接在一起。個人分處各地，但人數衆多，志願結合的結果，使中心價值系統的勢力大爲擴張。

第二，傳統力量式微，權威也跟著消失。傳統雖然還有若干作用，但影響力分歧而微弱；另一方面，中心領導系統常較重視個人的尊嚴和權力，也較重視平等權。

第三，大衆社會強化了個人個性，讓人自由選擇生活方式和參與機會。

換句話說，大衆社會中，領導人物與大衆的關係是直接的，政治活

動一旦失去理性，此一直接關係極有利於操縱，形成「暴民政治」。這樣的社會結構，需要一個「中間性結構」(intermediate structure) 來防止羣衆盲動。

「中間性結構」怎樣產生協調、緩衝的作用？平納德 (Pinard, 1969) 列舉七點，歸納起來只有一句話：「中間性結構」是一個新的參考團體，給個人提供了歸屬感和認同感，對團體中的偏激份子具有抑制效果 (restraining effects)。

其他的批評略去不提，❶ 大衆社會理論上認定社會關係是次級的團體關係，然而政治上的非理性運動，卻仍要依賴次級團體的整合力量，寧非矛盾？其次，大衆傳播媒介是大衆社會的重要成份，討論其功能的文獻並不多見。在這裏就顯示狄福樓別有懷抱。

他把早期大衆傳播效果一再引用的刺激反應理論，與大衆社會合併討論，才使前述大衆社會的性質——及其暴民政治危機——躍然欲出。前面說過，個人在大衆社會裏，與社會疏離，與他人不相連繫，各種刺激——例如廣告、宣傳、聳人聽聞的口號——直接傳抵個人，當中沒有經過團體或社會組織的過濾、選擇、詮釋。這些訊息經由大衆傳播媒介刺激個人，然後直接產生反應。根據刺激反應理論，一定的刺激會產生大體類同的反應，則訊息透過大衆傳播媒介的刺激作用，預料將在大衆社會引起類似的反應。大衆媒介是大衆社會的神經系統。狄福樓說：

　　　　假使基本人性無分軒輊，此時秉持人類非理性的決定及大衆社會的社會秩序觀念，則直覺的刺激反應理論強調媒介是有力工具，似乎順理成章。這個理論說明：有力的刺激會普遍引起個人注意，

---

❶ 批評「大衆社會」的文獻，參見 Pinard, 1969; Haag, 1971.

觸動內心慾望、情緒或其他感覺，而難加控制。由於這些機能的先天性質，使每一個人的反應大體相同。其次，個人既然心理上孤立於社會關係和社會控制之外，便少有強力的社會關係來破壞這些機能的影響力。結果，擁有大衆媒介的人，能操縱大衆中的各份子，尤其以運用情緒訴求時為然。(1975, p. 159)

以拉斯威爾(Lasswell, 1927)為代表的早期大衆傳播研究，曾再三闡明傳播媒介在大衆社會中的威力。他們對於大衆媒介的社會效果憂喜參半。憂的是，媒介萬一操在「壞人」手中，可能成為為非作歹的工具；喜的是，善用媒介可能裨益民主政治(Katz and Lazarsfeld, 1954)。這是媒介有效論時代，已在第一章提及。後人對於媒介的看法，自然遠較這時期複雜。

第三節　大衆文化

壹、一面文化鏡子

上一章討論大衆傳播媒介在國家發展中的角色，以及媒介促成社會變遷的過程和效果，不論現代化理論還是帝國主義理論，均視大衆傳播媒介為導致社會變遷的動力。姑且不談傳播媒介是否具有這種力量，學者對於傳播媒介本質的認識、期望，以及戰後特殊社會背景，使他們寄望傳播媒介成為社會變遷代理者（塑造者），學術界和政府決策人士不約而同專注於運用媒介協助現代化運動。隨後把低度發展原因歸究於帝國主義，認為媒介基本上是資本主義的一種社會制度，使落後地區的依附地位成為不可避免。在國家發展這個範圍內，大衆傳播媒介被賦予的

角色，甚爲單純、明顯。

　　在大衆文化方面，傳播媒介的角色、地位、功能，就顯得模糊多了。大體說來，學者同意大衆傳播媒介是研究大衆文化的主要對象，但眞正視媒介爲文化塑造者的，並不多見。研究大衆文化，重點在於大衆媒介與文化的關係，包括媒介內容負載了那些「文化」，這些「文化」如何反映當時當地的社會價值觀念、思想潮流、生活和行爲。簡言之，大衆傳播媒介是一面鏡子，反映出社會百態。要瞭解這個社會——尤其是這個社會的文化——不妨從這面鏡子着手。

　　大衆傳播媒介成爲研究大衆文化的主要對象，有下列幾個原因：

　　第一、大衆傳播媒介的閱聽人，人數極多。一份報紙每天發行數百萬份，一個電視節目擁有數億觀衆，在現代社會中，是很平常的事，而其內容多，遠非親身傳播所能及。請參考第一章註一「大衆傳播」定義。

　　第二、大衆傳播媒介所負載的內容，在「精緻與通俗」這個層次上，多半偏向「通俗」這一端，具有普及大衆的特色。

　　第三、「文化」一詞，廣義而言，可涵蓋各種習慣性行爲和各種符號的意義；狹義而言，可指與經濟活動、政治活動並行的文化活動（Smith et al., 1973; Bigsby, 1976）。大衆傳播的媒介、組織、制度、活動，都是「文化」的一部分，其內容更是一種「文化」。

　　此外，大衆文化也存在於傳播媒介以外的生活領域裏，擧凡男女約會、時尙、迎神賽會、除夕團圓、少棒比賽，都可納入大衆文化範圍。下面要從社會變遷角度探討大衆傳播與大衆文化的關係。

貳、大衆文化研究回顧

　　大衆文化的研究，較早稱爲「文化和文明」研究，多係歷史學家或

文學家從文學批評、審美的角度，研究傳統藝術——像歷史、音樂、文學、藝術。根據班乃特（Bennett, 1981)的看法，在英國，此一傳統到一八六九年阿諾德（Matthew Arnold）出版「文化與無政府狀態」（Culture andAnarchy)一書，把文化與工業化資本主義貫串起來，才出現新型態的文化研究：大眾文化（mass culture)。阿諾德以工業化爲主要分析架構，其門生不乏社會學家和人類學家，他們日後強調大眾化報紙、電影、電視與文化的關係，把文化的概念擴大爲「生活的整體方式」。大體說來，英國無論是早期「文化和文明」研究，還是晚近範圍較爲狹窄的大眾文化研究，都甚受到馬克斯理論的影響——強調階層關係和經濟關係，也強調文化內容的意識型態。但持不同觀點的，亦大有人在（參見 Thompson, 1968; Williams, 1958)。

在美國，有關大眾文化的爭論，卻集中在一九三五年到一九五五年——正是收音機迅速普及，而電視正逐漸進入美國家庭期間。雖然此時羅森伯和懷特（Rosenberg and White, 1957）已出版了以「大眾文化」爲名的第一本大學參考書，並在大學講授這門課程，但學術界卻寂靜下來，不再討論大眾文化。❷ 雖然在這期間幾份大眾傳播和社會科學期刊偶而刊登了幾篇文章，大眾文化成爲一個學術研究領域，則要到一九六七年「通俗文化學報」創刊及其後「通俗文化學會」成立，才免於寄人籬下，開始受到相當的重視。接著，英國的主要期刊「媒介、文化和社會」（Media, Culture and Society）也在一九七七年創刊。卽使

---

❷ 拉查斯菲（Lazarsfeld, 1971）認爲學術界暫時不再爭辯「大眾文化」，有兩個原因。第一，新的社會論題層出不窮，例如麥卡錫主義（McCarthyism)、種族關係、越南戰火初啓；第二，從批評者的觀點來看，大眾媒介的內容變得十分複雜，批評已非易事。大眾傳播媒介大體上站在自由派人士這邊，新聞報導批評時政，使自由派很難責備電視；但電視爲了爭取廣告，卻又傾銷低俗節目。

如此,大衆文化能否成爲傳播研究的一個次領域,或能否與傳統的文化研究、文學批評合流,依然有待時間來解答。❸在此以前,學者以內容分析方法分析大衆傳播媒介的文化內容,主要目的是想瞭解媒介如何反映社會,不論雜誌、歌曲、電影、小說,都成爲分析對象(詳見 Holsti, 1969; Rosenberg & White, 1957, 1971)。目前有兩個大規模「文化指標」(cultural indicators)研究,還在進行中。一在瑞典,由羅森格林(Rosengren)主持,從報紙內容,尤其是文化方面的內容,描繪社會變遷;另一個是葛本納(Gerbner)所關心的電視暴力研究,後面將再討論。

總括以上大衆文化研究的歷史回顧,我們得到以下幾點認識:

第一,大衆文化是傳統文化研究的一部分,但以通俗藝術爲主的文化生活爲範圍,只有在涉及意識型態極爲濃厚的話題時,才談到經濟生活和政治生活。

第二、大衆文化與工業化密不可分,也與大衆傳播媒介新技藝日趨普遍有關。

第三、過去對於大衆文化的爭論,集中在文化內容水準漸趨下坡,批評者憂慮大衆媒介的材料品味低落,可能傷害人類的心靈。

前文談到大衆傳播媒介是大衆社會的一個必要(但非充分)條件。沒有大衆傳播媒介,大衆社會的領導人物直接向民衆訴求,訊息由一個中心組織迅速向外傳散,便無可能,所謂非理性社會運動也不致發生。

---

❸ Friedman (1977) 批評說, 一九七〇年以後出版的幾本大衆傳播工具書,均未列出索引或直接討論「大衆文化」,他懷疑大衆傳播學者曾經參閱過這時期出版的幾本重要的通俗文化專著,因此對於大衆傳播研究與通俗文化研究合流,表示悲觀。另外,著名的「國際社會科學百科全書」(International Encyclopedia of the Social Sciences, 1968),也未列入「大衆文化」或「通俗文化」一條。

根據定義，「大衆」訊息具有快速、大量、通俗、直接的特性，才使刺激與反應可能結合。這是大衆政治的基本立論所在。

文化方面也是如此。大衆媒介所負載、傳遞的文化內容，可謂快速、大量、通俗、直接。印刷機誕生，全然改變了文字資料的製作與生產，中止了知識和文化集中壟斷。沒有印刷機，便沒有大衆化報紙。同樣的，廣播和電視傳送資料，也具有快速、大量、通俗、直接的特性。所以說，大衆傳播媒介是大衆社會不可或缺的成份，大衆社會文化主流便是大衆傳播媒介所負載、傳遞的文化資料：大衆文化。

這並不表示所有大衆傳播媒介上的文化內容都是大衆文化。正如口語和手抄書籍可能產生精緻和通俗的作品，印刷機、電影機、收音機、電視機呈現的文化內容，也有陽春白雪和下里巴人之別。「史記」、「資治通鑑」誠然是中國的精緻文化，但論流傳，似不如「三國演義」、「水滸傳」。後者向一般大衆訴求，顯然較為通俗，但今天我們卻視之為精緻文化。電視上播映「維也納時間」，與同一時段的通俗娛樂節目相比，便感知音難求；世界杯足球賽是否搬上螢光幕，都不失其大衆化本質。無論古今，無論媒介，都存在著大衆文化，但有關大衆文化的討論集中在現代大衆傳播媒介上的通俗材料，應較無爭議。

叁、大衆文化的意義、性質、功能

因此，我們不妨把大衆文化定義為大衆社會中大衆傳播媒介所負載、傳遞的文化材料。這個定義與「通俗文化」(popular culture)的差異，在於「通俗文化」包含非大衆社會時期及不在大衆媒介上的文化內容，例如古代章回小說和現代流行的牛仔褲。不過，現代常把「大衆文化」和「通俗文化」視為同義語。❹

❹ 「通俗文化」按字面又譯為「流行文化」。班乃特 (Bennett, 1981)

大衆文化遭受批評，是因爲具有下列性質：

一、大衆文化的社會條件是政治民主和平民教育普及。上層階級的文化壟斷一旦中止，文化市場需求激增，生產技術一再翻新，大量而廉價的書籍、報紙、唱片相繼推出以滿足市場需求。

二、大衆文化源自傳統文化藝術，從中吸取養分，但極少反哺，故與傳統「高級文化」顯得格格不入（MacDonald，1957）。

三、大衆文化或多或少承襲了民俗藝術，但民俗藝術是民間日常生活的產物，由下而上滋長；大衆文化卻是商業機構由上而下向民間傾洩，以獲取利潤，消費者是被動的，選擇是有限度的（MacDonald，1957; Bennett，1981）。

四、大衆文化產品標準化、規格化，多係爲滿足感官刺激而設計的膚淺內容，消費者不需耗費心力，可能一方面傷害「高級文化」，一方面腐蝕人心（Rosenberg，1971; Adorno and Horkheimer，1981）。

最後一點，最受批評家注意，從托基維利(de Tocqueville)開始，不斷有人大聲疾呼「高級文化」面臨威脅。這裏頭牽涉的問題極廣，觀點也頗有出入。人文學者重視文化生產，社會科學者重視大衆傳播媒介及其制度。其次，他們對大衆社會和大衆文化的基本性質看法不一，也是聚訟紛紜的另一個原因。批評者的意見很多，他們有時針對大衆傳播媒介本身，有時針對媒介上的文化內容，但都環繞在大衆文化這個問題上。個別例子不必列擧，羅文索(Lowenthal，1957)歸納各界批評如

___

說，拿「通俗文化」與「大衆文化」對比，其隱含的意義便與拿「通俗文化」與「精英文化」、「民俗文化」、「高級文化」對比的意義大爲不同。麥唐納（MacDonald，1957）認爲「大衆文化」是與「高級文化」相對的名詞；其次，他主張「大衆文化」較「通俗文化」一詞合適，因爲「高級文化」中偶而也有洛陽紙貴、爭相傳誦的作品。

下：

——大衆文化取代了民俗藝術或「高級」藝術。大衆文化產品無一
具有眞正藝術的特色，但媒介上的大衆文化，卻有如假包換的
眞正特徵：標準化、固定映象、保守、虛僞粉飾、經過刻意擺
佈的消費財。

——廣告是促使民衆接受大衆文化的主要力量，大衆文化必會帶有
廣告性質。

——民衆的審美標準，總是低俗不雅，偏愛低級趣味，結果是「劣
幣逐良幣」，打擊高級文化。

——大衆傳播媒介一味提供娛樂消遣，使人更加願意逃避現實世
界。

這張負功能清單當然還可以繼續加長。例如，拉查斯菲和墨頓（
Lazarsfeld and Merton，1948）就曾提出「麻醉負功能」（the
narcotizing dysfunction），認爲大衆傳播媒介大體限於報導社會上
無關痛癢的社會問題，沒有發揮應有力量，是一種「膚淺的關懷」。新聞
增加，使人誤以爲「知道了」就是「做了」，原爲積極參與，現在卻成
爲消極知悉，久而久之，難免麻木不仁。不過他們也提到大衆媒介的三
個正功能：授與地位（conferring status）加強社會規範（enforcing
social norms）和維持現狀（affirming the status quo）而非促成
變遷。❺ 拉查斯菲日後繼續替大衆媒介辯護，認爲暴力節目誠然品味不

❺ 筆者不太肯定「授與地位」、「加強社會規範」、「維持現狀」是否爲「
正」功能，正如不太肯定「麻醉」和其他負功能是眞正的「負」功能。功
能的正負，要按社會價值和目標來判斷。拉、墨二氏是結構功能學派健
將，他們從「功能論」觀點，站在美國社會說話，則「授與地位」、「加
強社會規範」、「維持現狀」應屬「正」功能。但在重視平等和重視變遷
的社會結構裏，這兩種功能可能爲「負」功能。

高，但內心有暴力傾向的人，看暴力節目可以得到宣洩（cathasis）而免於實際訴諸暴力行動（Lazarsfeld, 1971）。「宣洩作用」或許也算是一種正功能。❻

　　除此之外下面四種作用，甚難分辨是正功能還是負功能，但對大眾社會或大眾文化卻有特殊意義，值得加以注意。

　　第一是「同質化」功能（the homogenizing effects, Katz and Wedell, 1977; Lee, 1980; MacDonald, 1957）。在國際上，指各國大眾傳播媒介——尤其是電視——內容大同小異；在大眾文化方面，指媒介為了爭取大量消費者，力求內容「闔家共賞」，致使年齡界限模糊，成人接觸兒童的材料（會不會返老還童變成老小孩?），兒童則越過自然的心智發展階段涉獵成人的材料（會不會少年老成變成小大人?）。

　　第二是「顯眼的消費」功能（conspicuous consumption, Rapoport and Rapoport, 1975），❼ 係指精英份子的休閒或其他文化活動，原用以炫耀特殊社會地位，但工人階層一旦手頭寬裕，便會刻意模倣，以炫耀身份。羅文索（Lowenthal）研究一九○一年以後四十年間美國通俗雜誌傳記體文章，發現前期「英雄人物」多賴自己的才智和努力獲得成功，後期人物則靠僥倖行險，分野年代正是一九二九年經濟大蕭條，那幾份雜誌的文章開始教人如何消費而非如何生產（引自Mac-Donald, 1957）。

　　第三是「社會整合」功能（social integration, Allen, 1977）。傳統社會透過初級傳播通道整合社會，大眾社會卻必須透過次級傳播通

---

❻　「宣洩作用」出自亞里斯多德論美學。另參見 De Fleur, 1975.
❼　「顯眼的消費」原係 de Tocqueville 所創的概念，其後討論較詳細的，有 Veblen, Young and Willmott。詳細書目參見 Rapoport and Rapoport, 1975.

道（例如大眾傳播媒介）和次級關係（例如職業團體）來整合社會。參見前文「大眾社會源起」一節。

第四是「動員」功能（mobilizing, Enzensberger, 1972）。大眾媒介在社會遭遇重大變故時，可直接訴求，要求民眾依照傳播媒介所建議的方式採取行動。

細看以上這些功能（和反功能），可知大眾媒介及其文化內容，具有複雜而且相互衝突的功能，可能不像批評者所指控的那麼單純。從社會學觀點，我們還需要知道大眾媒介和大眾文化對生活在這個特定社會的人有什麼功能、如何使用、由誰生產、給誰消費、產生何種效果。換句話說，社會結構和社會關係可能決定大眾媒介和大眾文化是否具有某種功能，是正功能還是反功能。此外，功能也會隨著社會情境變遷而改變，不能加以忽略。

肆、大眾文化傷害了精緻文化？

在所有學者中，替大眾文化辯護最熱烈的，當推社會學者甘斯（Gans，1974）。他想澄清的問題是：大眾文化在社會裏的重要性如何？娛樂材料和資訊是否操在少數人手中，可以隨心所欲加諸一般人身上？

我認為，通俗文化——至少是經由大眾傳播媒介傳遞的那一部分——對多數人只是左眼進，右眼出。電視節目、電影、雜誌，多為朝生暮死。話說回來，大眾傳播媒介無所不在，描繪或評論美國人生活各層面，因此可能表達或反映至少一部分閱聽人的看法和夢想。基於此，我不能接受通俗文化只是從上加諸閱聽人的說法，反倒相信閱聽人至少間接塑造了部分內容。大眾傳播媒介和整個商業性通俗文化，不斷在做遊戲，臆測閱聽人要什麼或他們會接受什麼

——雖然，對閱聽人而言，這個遊戲只是簡單到從有限的幾種材料中加以選擇，而他們的品味也只低到兩害相權取其輕而已。(1974，p.ix)

甘斯指出，大衆文化和「高級文化」確有衝突，但批評者過份誇張相異處，低估相同處。他逐一駁斥各種批評，認爲大衆文化沒有傷害「高級文化」，也沒有傷害整個社會，因爲從品味 (taste) 分析，每個「品味文化」(taste culture) ❽ 有自己的藝術、文學、音樂，以發抒不同審美觀和價值觀；有自己的教育和社會文化條件，以選擇合適的文化內容。「高級文化」需要有足夠的社會條件爲前提，無法躐等強求。何況，今天整個文化結構大異於從前以少數精英份子爲主體的「高級文化」，批評者以古擬今，顯然不當。

更致命的是：批評者往往從文化生產者的立場談問題，未顧及使用者需要。甘斯認爲「高級文化」是生產者導向(creator-oriented)，生產者以爲自己的構想和價值觀念才重要； 大衆藝術則是使用者導向（user-oriented）爲了滿足消費閱聽人。 由於「高級文化」也得爭取閱聽人，但又不願坐視廣大閱聽人汲汲於大衆文化，因此必需大加撻伐，以維護本身的文化地位和權力。赫許 (Hirsch, 1981b) 同意「高級文化」依賴生產機構而大衆文化依賴發行機構，正是過去爭論的癥結。「一九五〇年代對大衆文化的批評，很多是採取文化生產者的標準而用以批判利益、活動、目標極端不同的發行機構。前者只問文化產品能否達

---

❽　「品味文化」指具有共同審美觀的一羣人及其文化。甘斯分爲五類：high culture, upper-middle culture, low-middle culture, low culture, quasi-folk low culture. 又席爾斯 (Shils, 1971) 則分爲 superior (refined) culture, mediocre culture, brutal culture.

到高標準，後者卻只顧文化產品能否經由票房紀錄和尼爾遜收視率（Nielsen ratings）達到普及轟動」(Hirsch, 1981b, p. 190)。

伍、品味文化：社會變遷中的大衆文化

誠然，工業化所導致的大衆文化，曾經一度透過電視席捲各地，使好萊塢式的文化也出現在花蓮海邊的小漁村，傳統文化一時乏人注意。但大衆文化是一股浪潮而不是一潭死水，它本身也在變化之中。除了電視較爲特殊，其他媒介所呈現的多樣化內容，慢慢茁長，吸引了一批具有特殊嗜好的閱聽人。這種情形，隨著社會變遷——尤其是休閒增加和生活富裕——而使文化性質有了改變。新的文化型態，因製作設備進步及一些有才氣的藝術家投入，逐漸樹立起引人注意的風格。這種爲特定階層而製作的新型態文化，就是「品味文化」。消費這種文化的團體就是「品味階層」(taste class)。❾

品味階層的存在，似乎與大衆文化的性質牴觸。其實不然。前述大衆文化生產者必須揣摩、臆測閱聽人喜好，恣意投合其興趣，讓人有所選擇。此時這批人可能會知道閱聽大衆具有某些共同特色，因而出現共同的行爲。這樣看來，「嬉皮文化」可被視爲某一品味階層的文化。在大衆文化方面，品味階層也漸抬頭。「生活」、「展望」等一般性刊物沒落，特殊品味刊物，像臺灣出版的「野外」、「音樂與音響」，正受重視。因此，有人認爲大衆媒介正日漸多元化或小衆化（徐佳士，民七一；Gans, 1974; Toffler, 1981）。

---

❾ 「品味階層」一詞，似乎有逐漸取代「社會階層」(social class) 的趨勢。社會科學研究發現，「社會階層」似乎較種族、年齡更少解釋力，尤以「鄉村音樂」(country music) 方面的研究爲然。見 Peterson and Dimaggio, 1975.

　　圖四從社會變遷觀點，說明文化結構與社會結構的關係，或可解釋品味文化的由來：

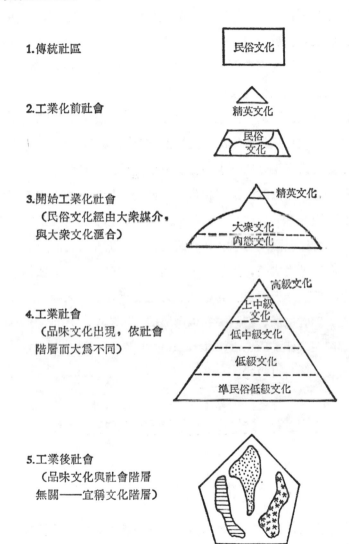

1.傳統社區　　　　　　　　　　民俗文化

2.工業化前社會
　　　　　　　　　　　　　　　　精英文化
　　　　　　　　　　　　　　　民俗
　　　　　　　　　　　　　　　文化

3.開始工業化社會
　（民俗文化經由大衆媒介，　　　　精英文化
　　與大衆文化滙合）
　　　　　　　　　　　　　　　　大衆文化
　　　　　　　　　　　　　　　　內慾文化

4.工業社會　　　　　　　　　　　　高級文化
　（品味文化出現，依社會　　　　上中級
　　階層而大爲不同）　　　　　　　文化
　　　　　　　　　　　　　　　低中級文化
　　　　　　　　　　　　　　　　低級文化
　　　　　　　　　　　　　　準民俗低級文化

5.工業後社會
　（品味文化與社會階層
　　無關——宜稱文化階層）

資料來源：Lewis, 1981, p.211.

圖四　社會結構與優勢文化型態

　　上圖是劉易士 (Lewis, 1981) 綜合各家說法所提出的一個分析模型。他承認社會結構的階段性發展，只適用於西方工業社會，而每一階段文化的理想類型，也未必能完全容納文化擴散現象。不過，這個分析模型的最大特色，在於表現「高級文化」和大眾文化之間的關係是動態的，是隨著社會結構的變遷而改變。傳統農業社會屬單一而同質的民俗文化，大眾文化在工業化初期出現，與精英文化壁壘分明，但與肉慾文化的界限便較模糊。到工業後社會，文化再無高低之別，而係依品味劃分成不同種類。文化只是各個品味階層的一種「資源」，供人選擇運用。

　　這並不是說大眾媒介完全小眾化。一個高度工業化社會，社會組織變得極端複雜，互相分離但又互相依賴。此時小眾媒介被用來表現品味階層，但橫的連結仍須依賴大眾媒介。大眾媒介多元化正是當代大眾文化的趨勢。持這種觀點的學者，強調大眾傳播媒介的正面力量，認為媒介有助於多元社會成長，這個社會同時也是個民主社會，領導權是經過自由競爭和普遍參與而產生的，在各方監督下，領導人物無法專制濫權。這一點，與孔豪瑟、密爾斯和以阿多諾 (T. W. Adorno) 為首的法蘭克福學派 (the Frankfurt School) 學者，觀點上大有出入（參見 Swingewood, 1977）。

第四節　文化研究的架構和理論

壹、文化主義和結構主義

　　分析大眾文化，究竟有那些途徑？每一種途徑，究竟基於甚麼先決假設？問甚麼問題？採用甚麼分析方法？這些都是重要問題，因為沿襲那一種理論途徑，經歷一連串與這種理論途徑有關的研究過程，常常

得到不同結論。這是大衆傳播研究——甚至是大部分社會科學研究——
容易引起爭論的原因。在這方面，沒有單一答案足以說明那一種途徑才
是「正確」，我們只能設法去瞭解每一種途徑的本質而已。

　　研究大衆文化正遭遇類似的困難。 也許由於這個研究領域歷 史 太
短，也許由於牽涉的範圍太廣， 迄今還缺乏一個有力的「理論」。 本節
擬從現有文獻中，試圖整理學者較常採用的分析架構 （典範），並簡略
介紹有關研究，以顯示這些架構的本質。

　　從廣義的文化來看，班乃特 （Bennett，1981） 臚列了兩種分析架
構，一稱「文化主義」（culturalism），一稱 「結構主義」（structur-
alism）。

　　文化主義以魏廉斯 （Raymond Williams） 爲代表。❿魏廉斯不
同意某一種生活 （例如社會、經濟） 決定另一種生活 （例如文化）的說
法。他認爲兩者相互影響。 他的主要概念是 「知覺結構」（structure
of feeling）——指某一社會階層或團體在整體生活中形成一套共有的
思想或感覺，而能顯現一定規則者。此一「知覺結構」便是文化。文化
規則由優勢團體控制，他們創造了典章器物，爲其他團體所局部共享。
由於每個團體對於這些典章器物的價值和關注有別，因此，研究文化就
需詮釋或建構各個團體實際的生活體驗。文化主義在分析架構方面，強
調生活意義的詮釋，探討眞正的感覺和思想；在解釋方面，則視各種媒
介上的文化形式 （歌曲、電影） 爲生活中的產品，人能在生活中利用工
具和材料，主動創造文化，尋求意義。

　　結構主義的代表是語言學家福洛辛諾 （V. N. Volosinov）。福洛
辛諾的主要理念是 「意象」（ideology）——一個由符號所構成的世界。

❿　以下有關「文化主義」和「結構主義」的論述，係引自 Bennett，1981，
　　pp. 25-29.

「意象」是眞實可見的形體，因此，研究「意象」就是研究在特定情境中以獨特方式運用符號的具體過程， 非研究主觀而隱晦不彰的思緒狀態。福洛辛諾所說的「意象」， 實際上就是文化；其次， 在他心目中，文化內涵完全表現在符號的運用上， 故研究符號便是瞭解「意象」（文化）的必要手段。 符號本身不僅是現實形體 （reality）的一部分，符號所具有的意義， 甚至反映、 代表、 顯露符號之外的另一個現實形體。

比較這兩種架構，可知主要關鍵在於解釋「意義」（meaning）所採取的方法。文化主義者認為，任何文化活動的意義，必須由當事人（或團體）主觀加以詮釋。無論小說、電影、歌曲、時尚，都是共同生活經驗中表達感情、 價值、 世界觀的成果， 文化可被視為生活的一面鏡子。相對的，結構主義者重視文化活動透過符號的結構和機能而產生意義，每個團體或階層對符號的意義，解釋不同。每一個文化層面——小說、電影、藝術、宗教——各自具有相當的獨立性和自主性，以不同方式代表現實形體，這些符號世界如何影響、塑造生活中由另一套內在規則所主宰的感情、價值、世界觀，則是研究重點（Bennett, 1981）。⓫

文化主義和結構主義是沿用班乃特的大衆文化研究類型，這裏不能不提到過去大衆文化研究——尤其在電影和電視方面——另一種意識型態分類方式反倒較為通俗流行。這就是「寫實主義」（realism）和「形式主義」（formalism）。

⓫　如果甘冒過份簡單化的危險，「文化主義」的分析架構，可說是近似「現象學」（phenomenology）觀點：從個人日常生活的主觀經驗分析社會行為的意義。另一方面，「結構主義」的分析架構，則接近語言結構學派的立場：語言結構決定思想方式。蔡文輝（民七十）「社會學理論」，有簡略介紹。另見 Dreitzel, 1970. 無論如何， 作者覺得， 大衆文化的研究缺乏理論基礎，未來似可從這兩方面得到啓發。

根據富萊斯（Frith, 1980）的解釋，寫實主義把大衆媒介視為反映現實的一面鏡子或觀察外面世界的一扇窗子。批評者指出，這種一廂情願的想法，一旦與現實經驗對照，便破綻百出。他們指責電視新聞只是呈現偏見，報導錯誤（例如，有關勞資糾紛的報導）；娛樂節目充滿了固定形象的描述或錯誤形象（例如，對於婦女或黑人）。從這個立場批評大衆文化的人，認為媒介扭曲現實，責任在於媒介所有權人而非媒介本身。社會學家研究大衆文化的，不少持著這種批判立場。

相形之下，形式主義假定媒介並不反映或代表現實，而是建構現實。媒介的形式本身就足以構築意義，因此儘管訊息只是幻象，也會具有「現實效果」（reality effect）。既然媒介的效果要看閱聽人如何去「讀」它而定，批評者關心的，是如何去詮釋媒介所表現的意義之邏輯結構。以阿多諾為首的法蘭克福學派大抵不出此一批判立場。

可見，寫實主義實際上相當於前述文化主義，而形式主義則與結構主義類同。為了討論方便起見，下文的延伸解釋，仍然採用班乃特的分類方式。

貳、文化主義：使用與滿足

從文化主義的觀點，大衆文化乃是當前大衆社會的產物，個人在社會生活中，視其需要在大衆媒介上表現各種文化形式。人是主動的，媒介只是一種表達工具，文化產品的意義不在文化形式本身，而在創造者或消費者個人主觀的感覺和意義。團體或階層差異，使人在創造或消費文化時產生不同的感覺和意義。「使用與滿足」（uses and gratification）研究，大體屬於此類。

根據「使用與滿足」理論，個人在不同情境的社會生活中，有不同層次的需求，其中某些需求如果不能用替代方法滿足，則會以接觸大衆

媒介內容得到滿足。個人知道自己的需求是甚麼，他除了考慮何種媒介能夠滿足某種需求外，還會衡量媒介是否垂手可得、是否使用方便、是否有更好的替代品。⑫ 凱茲 (Katz and Gurevitch, 1976) 研究以色列人的休閒生活， 發現各類大眾傳播媒介在滿足不同需求時， 略有重疊。(例如，看電影和聽收音機同樣可以滿足娛樂需求)，但大體而言，高教育程度的人偏向書籍，低教育程度的人偏向使用電視。凱茲把各類文化消費活動，按「室內──室外」和「高級文化──通俗文化」兩個層面，以「最小空間分析法」(smallest space analysis) 呈現在平面圖上，結果是：

> 高級──通俗層面，由上而下穿過分佈圖中間，較另一個層面
> 突出。這顯示，一個人如果去聽音樂會，他也較可能去觀戲或參與
> 志願性社團，因為這些同屬室外的嚴肅活動。然而，這個去聽音樂
> 會的人，也是室內高級文化的消費者──例如閱讀外文刊物或參加
> 某些研究活動；但他卻不太可能去夜總會。(1976, p. 145)

然而，「使用與滿足」專注於文化消費，最多只能說明大眾社會中大眾文化的消費面，卻未涉及生產面。傳統的傳播研究，常由政府或商業性機構資助，注意如何瞭解閱聽人，做為大眾傳播工作的行政參考，故可稱為「行政性研究」(administrative research, Halloran, 1982)。新聞、資訊或文化的製作生產，幾乎被遺忘了。直到晚近，社會學者才以組織和科層結構的觀點研究新聞的製造 (例如，Tuchman,

---

⑫ 這方面主要文獻，見 Blumler and Katz, 1975。臺灣有關「使用與滿足」研究，有楊惠娥，民六九；陳以瑚，民七一。對於這一類研究的檢討，文獻甚多，較新的有 Windhl, 1981。

1978; Gans, 1979; Golding, 1981; Tunstall, 1970; 郭俊良，民
七十）。類似「詩以言志」、「文藝是苦悶的象徵」等語，不過是詩人、
藝術家的心聲，就文化製作而言，還缺少社會學觀點，更遑論分析大衆
文化的創作了。

叁、結構主義：議題設定和潛化分析

另一方面，結構主義的分析觀點，着重文化產品本身，視電視節
目、廣告、文藝創作或其他活動本身自成一套系統，具有內在而符合邏
輯的結構或關係。這些文化型式的結構或關係，自成分析對象，不問行
爲者的主觀意義如何。大衆傳播的「議題設定」（agenda-setting）和
「潛化分析」（cultivation analysis）或許可歸入這個架構內。

所謂「議題設定」，根據麥康斯（McCombs and Shaw, 1972,
1978）的說法，是指大衆媒介的效果分析，如果先孤立內容，僅從印刷
媒介篇幅大小和重複出現程度兩項來看，則媒介確能影響個人的認知。
篇幅愈大，重複出現次數愈多，則一般人會覺得這是重要話題；篇幅愈
小，又較少出現的話題，便被視爲較不重要。換句話說，媒介設定了社
會生活中各種議題的重要順序，此一透過強調手法而左右認知的文化產
品的一部分（例如標題），本身具有合乎邏輯的內在結構，足以產生認
知差異。標題愈大、要聞版、頭條新聞，不問內容如何，都會使人覺得
它重要，因而知悉這些議題。[13] 研究發現：「議題設定」效果比傳統的
「選擇性理解」（selective perception）更有解釋力。這樣一來，使
諾莉紐曼（Noelle-Neumann, 1973, 1974）逕自宣稱：媒介研究已回
到「最大效果論」時代。

---

[13]　最近的「議題設定」研究及批評，見 Becker, 1982; Weaver, 1982;
　　Milburn, 1979; 郭陽道，民六八；徐惠玲，民七十。

當然，「議題設定」迄今多用在政治論題方面，是否同樣適用於大衆文化的研究，不無疑問。

「潛化分析」則自始卽以大衆文化爲主題。葛本納 (Gerbner, et al. 1980) 一組人，從一九六七年開始，就在賓夕法尼亞大學安南堡傳播學院 (Annenberg School of Communication) 研究美國三大電視網晚間黃金時段的電視劇，每年都發表內容分析結果，名爲「暴力素描」(violence profile) 報告，後來又擴大到觀衆調查研究，與內容分析結果合併在一起解釋，總稱「潛化分析」。

「潛化分析」是想解答電視大衆文化一個廣泛引起注意的問題：電視劇的暴力鏡頭充斥，是否使觀衆在有意無意間潛移默化，體認現實世界也跟螢光幕一樣暴力橫流，以致害怕自己成爲暴力犧牲者？葛本納一組人，發現歷年電視劇「暴力指數」甚高，又發現觀衆收看較多暴力節目的，比收看較少的人，更傾向於感覺在現實世界中暴力甚多、自己可能成爲被害人。這種感覺，根據上述推論，應來自電視的潛化──一種長期而潛在的效果，與早期「注射理論」或「子彈理論」的立卽而表面的效果不同。

儘管「潛化分析」在因果關係推論上 (Doob, et al., 1979) 和研究方法上 (Hirsh, 1980, 1981a) 都受到批評，但他們的研究環繞在文化形式 (電視劇本身)，然後從暴力內容直接推論對行爲者的影響，並不關心製造此類產品的社會意義，可算是結構主義分析觀點。換句話說，他們並未試圖解答下面的問題：如果大衆文化中的暴力內容對人有害，爲甚麼社會要生產、消費暴力內容？

無論文化主義還是結構主義，都只是提供分析大衆文化的角度，尚缺少一個理論所應具有實質內容。下面要介紹「霸權」和「資源」兩個社會學理論，並予引申，以便有助於瞭解、詮釋大衆社會中的大衆文化。

肆、霸權論

「霸權論」(hegemony) 是義大利人葛暖西 (Antonio Gramsci，1971) 提出的概念。馬克斯主張「當權的物質力量，同時也是當權的心智力量」，無異說明了優勢階層的意識型態，只是強制加在劣勢階層身上，劣勢團體則被動順從。葛暖西認爲並非如此。他指出，「霸權」雖然是一種優勢狀態，但非單向的統治。優勢團體藉著道德和智慧領導劣勢團體，協調兩者利益，形成共同一致的意識，使社會趨於平衡安定；劣勢團體積極承襲優勢團體的價值和目標，而優勢團體則領導社會，動員民衆積極擁護其目標 (Bennett，1981)。

「霸權」概念原係專指國與國之間、階層與階層之間的政治關係，因概念中相當重視各階層實際生活經驗的交互影響和透過協調取得利益一致，所以也被運用來解釋其他社會關係。對魏廉斯 (Williams，1976) 而言，「霸權」觀念，是實施選舉制度、重視民意的社會所不可或缺的，原因無他，「霸權」社會乃建立在民衆的一致同意上——雖然社會目標源自優勢團體。對班乃特 (Bennett，1981) 而言，「霸權」既然是一種協議和互動，則大衆文化並非是那一個階層強行加在另一個階層身上，而是依照優勢團體的價值建構目標，然後透過國家或商業組織爭取接受。接受者又迎又拒，在一系列互動和交換過程中，也改變了大衆文化的內涵和形式。

班乃特 (Bennett，1982) 從國家和商業組織的角色，分析第二次世界大戰後英國的大衆文化變遷，以說明霸權關係並非一成不變，一九五六年英國政府廢除新聞紙配額，導致報業結構轉變。在此以前，新聞紙配額無形中限制了企業經營報紙的廣告數量，相對保障了左翼報紙。等到配額解除，企業經營報紙急速發展，廣告由工人讀者的報紙轉移到

以中上階層讀者為主的報紙。「每日前鋒報」(Daily Herald) 一九六四年發行量，原為「泰晤士報」(The Times)、「財經泰晤士報」(The Financial Times) 和「衞報」(The Guardian) 發行總量的一倍，終因廣告轉移陣地而倒閉。從此，英國報紙言論泰半反映中上階層讀者利益。這是政府措施改變了文化霸權關係的一例。其次，一九五五年商業性的「獨立電視公司」(ITV)成立，開始與「英國廣播公司」(BBC)競爭收視率，使電視內容「轉向迎合觀眾品味而非給予指導」，又是一例。

　　班乃特還提到若干新興團體如何改變了英國舞臺劇；狄馬久 (Dimaggio, 1982) 則研究波士頓一地，說明美國少數精英團體如何在快速社會變遷中維繫高級文化以免喪失地位。兩人均從歷史和社會觀點分析優勢團體與劣勢團體的文化互動關係，但未涉及個人的角色。

伍、資源論

　　塔克曼 (Tuckman, 1982) 把「傳播工業」(communication industry) 視為一種「思想工業」(consciousness industry)，⓮ 因為大眾傳播媒介及其背後的制度，在有意無意間告訴我們觀察世界或建構世界的方法，很可能成為現代社會的「迷思」(myth)。大眾傳播媒介告訴我們世界所發生的大大小小事件，探討社會的實質和意義，以致影響我們對於世界的看法，解釋個人與制度的關係，也提供娛樂或用作解決個人日常生活問題的工具（不少人參考電視劇情節來處理自己的問題）。僅就媒介是瞭解世界和決定行動的工具而言，塔克曼認定「媒介向消費者推銷思想觀念」。

　　塔克曼似乎把媒介和文化視為同義語，所以文化也是一種工具，一種物質資源 (material resource)。借用她自己的話：

　　⓮　見 Enzensberger, 1974.

　　我認爲文化是一種社會物資，不同社會階層的人，以不同方式取來構築自己的身份和社會觀。的確，把文化看成一種工具，無異說明了一般觀感：高級文化發揚生活光輝，是「有價值的」，而電視節目只是未受教育者的犯罪教材，是「沒有價值的」通俗文化。(1982，p. 4)

　　塔克曼把消費者比喻爲市場。文化事業機構根據市場需要，生產不同種類的高級文化和通俗文化；顧客在這些不同的社會資源中依不同方式各取所需。文化生產制度本身因體察顧客需要而改變，當然也受到業務競爭、生產過程和其他社會制度的牽制。塔克曼據以研究英國維多利亞時代倫敦出版商「麥米倫公司」(Macmillan and Company) 小說稿件審稿人莫利 (John Morley) 的審稿標準。結論是：審稿人應聘負責審稿，他會按照當時的文化環境和出版事業的立場分辦高級文化和通俗文化，決定那一本小說先出版，那一本後出版。文化成爲出版商的一種工具，一種物質資源，用以界定甚麼是高級文化，甚至用以改變高級文化的定義——如果讀者已經改變了。

　　文化生產者忖度市場需要，在大衆文化生產機構方面尤爲明顯。大衆文化的定義中，就包含了一個廣大消費市場。所以，大衆傳播媒介瞭解、揣測、調查閱聽人，便成爲製作決策的重要過程之一，其影響最後成品的程度，可能因媒介種類、性質、經營方針而異。政論雜誌可以只有少數讀者，電視連續劇卻不能不向大量觀衆訴求。「凡是賣得出去的，能吸引觀衆的東西，便會被裝成高級文化呈現出來。」(Tuckman, 1982，p. 17)

　　塔克曼「資源論」對於大衆文化的生產過程，解釋得十分清楚，對於工業社會中的高級文化是否不折不扣「高級」表示懷疑，也頗有見

地。但對於消費者如何把文化當做一種資源，卻含糊其詞，正如「使用與滿足」的文獻一樣，似乎假定閱聽人「必然」有某些需求，「必然」會去接觸媒介。從個人的需求到使用，其間過程，還待澄清。

拉帕波 (Rapoport & Rapoport，1975) 研究休閒活動，恰巧提出了頗能彌補此一缺憾的解釋。她用「資源」 (resourcefulness) 一詞，不指外在可見的文化，而指能夠運用資源的一種內在能力和動機。在這裏，為了跟文化資源 (culture as resource) 區別，不妨暫時稱為「心理資源」。拉帕波說，「心理資源」意指能夠在自己的現實生活中替自己安排有意義的生活，也能夠改變現實的一種能力。這種「心理資源」包含兩項要素：

第一，要有能力發展本身具有意義的嗜好，且能指認這種嗜好的真正價值。

第二，要有能力以行動實現這種嗜好。

可見「心理資源」是一種社會心理特質。有這種特質的人，不但能妥善處理當前處境，而且還願意迎接新經驗以豐富生活內容。拉帕波相信「心理資源」因個性而異，因人而異，因生命週期而異。

把「資源」從文化拓展到心理特質，具有相當重要的意義。塔克曼著眼點在於大眾文化生產面，說明大眾傳播機構忖度閱聽人需要，據以調整製作的重點、次序，甚至調整文化的定義，這是商業性機構的經營法則。大眾傳播媒介生產文化，從文化消費情形可以知道市場動向，故文化成為生產者決定生產政策的資源 (工具)；另一方面，消費者消費文化，或為了娛樂、知識，或為了瞭解環境、尋求解決自己生活問題的方法，無論如何，文化也是消費者的資源 (工具)。但消費者為什麼要接觸媒介，卻是「資源論」的一大漏洞。引申拉帕波的見解，我們可以這樣說：一個人的需求姑且不論，他必須要有意願和能力去安排有意義的

生活，知道身邊有何種資源及其價值，並實際採取行動——在這裏專指消費文化——有這種傾向、動機、態度，文化才可能成爲他的工具，以滿足需求。　理論上解釋添增此一過程，　等於排除了無目的文化消費行爲，「資源論」總算站得住腳。爲甚麼？

第一，文化消費如果漫無目的，　我們便很難指認它滿足了甚麼需求，對於瞭解人類的社會行爲毫無助益。這正是「使用與滿足」研究所遭遇的困境。許多研究指出，人接觸大衆傳播媒介，並無特定原因，或者說不出原因；既然指認不出原因，就難以推論滿足何種需求。

第二，過去的研究一再顯示，教育程度和生命週期是解釋文化消費行爲的有力變數，可見文化消費行爲本身並非常數（我們只能解釋變數與變數的關係，不能解釋變數與常數的關係）。文化消費漫無目的，與現有知識不符，錯誤可能出自「資源論」。

第三，更重要的是，文化消費漫無目的，直接牴觸了「資源論」的基本立論。因爲文化產品如果來者不拒，消費者便不能對生產者形成壓力，不能影響生產過程；生產者也無需忖度消費者的偏好，無需分辨高級文化和大衆文化了。

第五節　討　論

本章說明大衆傳播媒介與大衆文化在社會變遷中的關係。從大衆傳播實證研究趨勢來看，早期視媒介爲反映社會的一面鏡子，因此，分析媒介內容便足以瞭解社會。然而晚近的文化指標研究，逐漸傾向探索媒介的塑造力量。現階段中，大衆媒介與大衆文化之因果關係，似乎不再被視爲單純了然。

要瞭解大衆文化，　便得從大衆社會談起。　大衆社會理論家大體同

意工業社會或工業後社會就是大衆社會，由於社會結構改變（例如大量生產），導致個人心理孤立、社會關係淡薄。但理論家對於大衆社會的後果，看法卻頗分歧。有些認爲大衆社會不免要走向專制獨裁或暴民政治，而大衆傳播媒介可被用作社會控制的工具，直接連繫領導人物和大衆，當中缺少一個「中間性結構」加以制衡；另一派學者則認爲大衆社會是一個多元社會，各團體在自由選擇及積極參與的情況下競爭，彼此相互制衡，足以形成一種迥異於傳統社會的民主運作體系。

問題的焦點似乎在大衆社會究竟政治上是一個以領袖個人魅力爲主的社會，還是以利益或志趣而結合的多元社會。西方社會的政治領袖，確能有限度左右羣衆，其個人號召力卻難以持續不斷，這些少數例外，往往又是出於這個社會的政治制度或一時一地的特殊政治風潮，實難完全歸咎於大衆社會的政治性質。另一方面，傳統的社會結構雖有改變，但若說原有的初級團體關係已消失殆盡，由次級團體關係取代，也不盡符事實。多元社會或許本身就是一種力量，但彼此之間的衝突和傳統社會關係的約束力，往往被多元社會理論家低估了。無論在政治或文化方面，現代社會雖已顯露了大衆社會的若干特徵，但一個典型的大衆社會，畢竟只是一個理論藍圖而已。

大衆文化因社會工業化而生，文化內容經由大衆媒介傳佈，由於生產機械化和廣大的市場需要，使批評家憂慮大衆文化可能威脅高級文化。批評者多半站在文化生產者的立場，忽略了消費者的品味需要。事實上，大衆文化的意義，或許不在符號本身，而在品味階層的主觀詮釋，故偏執於「文化主義」或「結構主義」，都忽視文化生產者和消費者的互動關係。「資源論」把文化視爲一種社會資源，生產者和消費者均有不同的使用資源方式，似較能兼顧文化的生產和消費關係、品味階層、社會變遷。

「霸權論」和「資源論」都或多或少源自馬克斯的文化理論，但也都作了相當幅度的修正。馬克斯理論根植於兩個截然互斥的概念「基礎」(base)和「上層結構」(superstructure)——用現代社會學術語來說，就是社會和文化——前者決定了後者。葛暖西、魏廉斯、塔克曼均表不然，認爲社會和文化乃同時透過經濟生產和文化互動兩個過程，相互爲用，旣非一先一後，也非經濟力量主宰一切。班乃特根據葛暖西的「霸權論」，主張優勢團體並非統治社會，而是領導社會，同時不斷協調與劣勢團體的利益。塔克曼大抵沿襲此一思想，說明出版機構的文化生產過程和閱聽人消費文化，都把文化視爲一種資源（工具），出版商根據文化市場現狀調整生產政策。「資源論」沒有解釋消費者如何利用資源，筆者借用拉帕波的「心理資源」概念，或可稍補不足。「心理資源」是一個人有心過更有意義的生活的一種社會心理特質，可以引發積極、主動的文化消費行爲，與「使用與滿足」的基本假設十分接近。

從大衆社會的觀點剖析，現代大衆傳播媒介本身就是大衆文化主流，但大衆傳播媒介又是一種社會制度。此一社會制度與文化制度在社會變遷過程中的關係，傳統研究多半採取「文化主義」分析架構，把媒介視爲反映社會生活、價值觀念、心態的一面鏡子，媒介所負載的大衆文化，需由生活在某一社會的人主觀詮釋。問題在於：研究者常採取相反方向，直接分析大衆文化，便逕自推論其意義爲當事人所有。這樣的推論過程顯然缺乏說服力，難怪不少大衆文化的研究，總嫌隔靴搔癢。另一方面，晚近的研究偏向採取「結構主義」架構，賦予媒介塑造者角色，認爲媒介所負載的文化，本身具有一定的邏輯和機能，其意義可由分析文化結構得知，不待外求。立論旣定，研究方向自然指向大衆媒介如何影響個人。於是，媒介的效果再被強調。說穿了，諸如「潛化分析」，只是傳播媒介在國家發展中的角色之舊酒新瓶，應用在大衆文化

研究而已。媒介的效果是否具有普遍性,不因社會情境而異?這是「結構主義」自始即予忽略的問題。

「資源論」重視行爲者的主觀詮釋,也不偏廢文化形式的機能,可謂兼採「文化主義」和「結構主義」架構,應是研究大衆文化相當有潛力的一個理論。

這些不同的分析典範,加上晚近「新聞是製造出來的」的觀念,就大衆文化這個範圍,至少可以說明一點:大衆傳播媒介不是社會的一面鏡子,日復一日,忠實反映社會百態。有些人甚至迫不及待宣稱這面鏡子已經破碎了(李金銓,民七十)。

最後必須一提的是:大衆文化既然透過大衆傳播媒介呈現出來,當今源自西方工業社會的大衆媒介遍佈全球,就大衆文化這個範圍,各國所關心的,並不盡相同。西方國家注意文化水準低落和「次文化」(subculture)日漸抬頭,非西方國家卻較注意本土文化式微和文化「美國化」(Americanization)的問題,甚至連西歐工業國也不例外(Kato, 1975; Katz, 1979; Hebdige, 1981)。本書限於篇幅,無法討論文化結構和大衆文化的問題,但下一章擬從社會結構觀點探討另一個與大衆傳播有密切關係的主題:知識差距。

第四章　社會結構與知識差距

　　第二章談到大衆傳播與國家發展，無論是早期的媒介最大效果論還是晚近的世界資訊新秩序和帝國主義，理論上均賦予大衆傳播媒介「塑造者」角色，是帶來社會變遷的積極力量。第三章談到大衆社會和大衆文化，可以看出大衆傳播媒介的角色模糊多了，它一方面被當做社會控制的工具，一方面又被視爲具有整合社會的功能；它反映大衆文化趨向，卻又能滿足品味階層的個別需要。如果把大衆傳播媒介比喻爲一面鏡子，我們可以說：這是一面凹凸不平的鏡子。鏡中放大了某些社會現象，也扭曲了其他現象，❶鏡裏春秋，則視個人品味偏好而有不同詮釋。在這兩章中，都隱隱約約提到大衆傳播媒介本身是一種社會制度，一般而言並非價值中立，因此，媒介的分析必須從社會結構着眼。例如，在非民主社會裏，大衆媒介純然是一種社會控制工具，其功能與運作方式顯然不同於民主的社會結構 (Siebert et al., 1956; Merril, 1974)。本章要討論社會結構在資訊流通過程中的制閥作用如何左右資訊分配，以致造成知識差距問題。

---

　　❶　徐佳士曾把大衆傳播媒介比喻爲一面「哈哈鏡」。

第一節 歷史背景

大衆傳播研究重視資訊分配是否均勻，與整個社會科學的思想潮流有相當關係。這些歷史背景，總括起來，可得下列數端：

一、**關心社會不平等**：社會不同階層在財富、權力、聲望三方面分配不均，從歷史上看，自可追溯到古典社會學說和民主政治理論，不擬在此詳論。簡單地說，過去把個人所以貧窮，所以犯罪，泰半歸咎於個人因素，認為個人懶惰導致貧窮，個人性格乖戾造成犯罪。對問題根源抱持這種看法，則解決貧窮之道，便自然而然採取以金錢津貼補助，或以職業訓練方式提供就業機會；解決犯罪問題，便採取隔離罪犯，給予懲罰或再教育。然而窮人經過多方協助，依然無法擺脫貧困，罪犯經過再三矯治，依然淪入罪惡深淵，於是，社會結構的某種機能與貧窮、犯罪有關，才開始受到重視。是否社會安排使得某些人受到不平等待遇，因而與貧窮、犯罪結緣？

這並不是說，現代社會思想已經拋棄「個人歸因」的解釋，而是說，學者正努力探求社會問題的結構機能 (structural mechanism)。他們發現，社會不平等安排，使某些人處於不利地位，就導致貧窮和犯罪而言，社會的責任可能大於當事人的責任。❷

這裏只擬介紹一項規模龐大，而且影響深遠的研究，來交待這一段歷史背景。社會學家柯曼 (Coleman, et al. 1966) 接受美國政府教育衛生福利部委託，研究美國黑人兒童為何在學業表現和日後的職業成就方面不如白種人。他費了數年，調查數千所學校及其兒童、家庭，發表「教育機會平等」(Equality of Educational Opportunity) 二冊。

---

❷ 參閱郭振羽、羅伊菲合譯（民六七）。

研究中發現，跟一般人常識相反的是：黑人兒童學業表現不如白種人，並非黑人學校設備差、經費不足、教師素質欠佳，而是黑人兒童欠缺一般白人兒童所擁有的那種「社會氣候」(social climate)。柯曼解釋說，在美國那種白人優勢文化的社會裏，所謂學業表現和職業成就，乃是依照白種人文化標準和價值觀念來衡量，社會規範和社會儀式也原為白種人而設，黑人從小並未耳濡目染。學校的考試題目以白種人文化為對象，黑人兒童自難企及，這才是他們學業表現以及日後職業成就不如白種人的原因。換句話說，社會結構依種族界限劃分，使黑人蒙受教育機會不平等，不是黑人之罪，而是社會之罪。

　　柯曼報告引起極大廻響，焦點集中在如何改善黑人兒童的「社會氣候」。辦法之一，就是「車載學童」(busing)——把部分黑人兒童送到白人兒童的學校就讀，或把部分白人兒童與黑人兒童混合——以改變結構機能。

　　二、成長與分配的優先順序：在國家發展方面，戰後各國都充分體認人力素質是國力的重要成份，因此紛紛以大量財力投入教育部門。經濟上則以成長為優先目標，力圖先累積財富，後求分配均勻，貧富日漸懸殊常被視為經濟成長中的過渡現象，日後將可透過各種稅制予以矯正。但決策者也慢慢發現：財富分配不均在國民教育水準提高以後，產生了相當的負作用，適足以成為政治不穩定的溫床。知識水準提高，民眾需求和慾望也跟著水漲船高。雖然生活情況較前改善，但財富差距使得新興中下階層大眾逐漸產生「相對的被剝奪感」(relative deprivation)，容易訴諸情緒性社會運動或政治運動。成長與分配孰重，便成為決策者的一個兩難困境。

　　各國在這方面的發展策略不盡相同。韓國顯然較我國偏重成長。墨西哥和巴西近年來被視為第三世界發展楷模，也以成長列為優先，但到

一九八二年，兩國都因外債纍纍而頻臨經濟崩潰。

即令成長是值得追求的目標， 過去以國民生產毛額表示成長的 觀念，也逐漸受到質疑。財富增加，是否就意味著人民福祉提高？是否就意味著必須犧牲某一階層的利益？

另一項質疑是：為了成長，整個人類究竟必須付出何種代價？成長是否有個極限？❸

「生活素質」（quality of life）研究，就在解答上述問題。 大體而言，目前的研究是以統計數字編製「生活素質指標」或「社會福利指標」， 一方面顯示經濟發展， 另一方面也不忽略社會均等和生活環境的改善。我國行政院經濟建設委員會自民國六十四年起，逐年編製「社會福利指標」，其內容包括經濟發展、個人發展、社會均等、生活環境、教育文化機會、社會安全與福利、衛生保健七大類。❹ 值得一提的是：我國國民個人所得差距，與世界各國比較，可列入差距最小的幾個國家之一。財富分配結構較為均勻，一般認為是我國社會安定的原因之一。

三、傳播理論和社會理論的優先順序：任何傳播活動都涉及資訊或知識的傳遞，也就是牽涉到語言文字或符號的使用。大衆傳播媒介無論運用在那一個社會，誠然都具有類似的功能和過程，所以「媒介就是音訊」。這只是現象的一面。 現象的另一面是： 媒介在不同社會裏， 同樣用在傳遞資訊上，由於語言文字或符號的象徵意義建構了不同的社會事實，媒介實際上傳遞了不同的音訊。「朱門恩怨」在美國電視或臺灣電視

---

❸ 參閱朱岑樓、胡薇麗合譯（民六三）。

❹ 參閱行政院經濟建設委員會「社會福利指標」，已出版至民國七十一年；又，我國有關生活素質的研究，參閱明德文化基金會出版的下列叢書：
　1.「生活素質層面之探討」，民國七十年五月出版。
　2.「社會指標導論」，民國七十年九月出版。

上播映,意義可能極不相同。前曾述及,發展中國家採取西方大衆傳播模式的,幾無達成發展目標的先例。凡此,都說明當前傳播「理論」,仍然缺乏足以超越社會結構的解釋力。

大衆傳播研究迄今不過五十餘年,早在二十幾年前,就因爲缺乏理論而被認爲「逐漸消失中」(Berelson, 1959)。傳播研究由於大衆傳播媒介與個人和社會各部門關係日漸密切, 而成爲一個泛科際的學術領域,不是一條死胡同,但缺乏有力的理論體系,情況卻沒有好轉。這些年來,爲傳播理論催生的呼聲,始終不斷。

但高爾丁 (Golding and Murdock, 1978) 辯稱,傳播研究並未眞正缺乏理論,像人衆社會、大衆文化便是依據社會結構而衍生的傳播理論。此外,從功能學派產生的傳播效果研究,理論體系也隱約可見。❺盡管如此,高爾丁還是主張不需要傳播理論,而是需要社會理論 (theories of society)。他說:「在我們看來,大衆傳播研究的任務,不在探討媒介訊息的意義,而在分析社會過程的建構和詮釋,以及影響和限制社會過程的情境和壓力。要做到這點,我們當然要有更多理論和概念架構,但其內容必須是有關社會結構和社會過程, 而非有關傳播。」(p. 135)

這是把傳播研究放在社會情境中,把傳播制度當成社會制度的一個環節,把社會生活當成社會過程的中心。過去分析傳播,則視傳播活動爲社會過程的中心,但又孤立社會情境,一味追求純粹的傳播理論。殷屬批評傳播研究的英國學者魏廉斯 (Williams, 1974),也指出傳統傳播研究自我封閉在一個小天地裏,缺乏廣泛的社會理論基礎:

❺　高爾丁的說法,頗有商榷餘地。「大衆社會」誠然稍具體論雛型,但仍頗多破綻;「大衆文化」則是文化研究的一部分,是一個小研究範圍,不是理論;至於功能學派,應稱爲一種分析架構較宜。

　　光說電視現在是社會化的一個因素，或者電視所有權人和傳播
者行使某種特殊的社會功能，如未明確陳述其間決定特殊社會化和
賦予控制、傳播功能的社會類型，則無異空口白話。（p. 120）

　　到這裏為止，社會理論重於傳播理論，已呼之欲出了。傳播理論要
向社會情境紮根，固然是傳統「行政研究」的反省，同時也反映了傳播
以外的整個社會科學思潮，尤其是知識社會學給予傳播理論的啓示。

　　四、知識社會學的啓發：　「傳播」一詞，原始意義是「建立共同
性」，也就是透過符號或語言文字建構意義，一般人卻甚少察覺傳播必
須在特定的社會情境下才能產生意義。我們拿社會現成的語言文字表達
意思，實際上是遵守這一套語言文字的規則以表達這個社會其他人所能
瞭解的經驗，超過這些規則，「知識」便無從發生，便無法瞭解這個社
會。正如我們說中國話或用十進位法計量，必須遵守中國話和十進位法
規則才能建立「共同性」一樣。其結果是：我們的「知識」也就被迫限
制在中國話和十進位法的範圍內。

　　這是知識社會學極為粗略的內涵。❻既然「知識」可廣義解釋為觀
念、思想、信念、哲學、科學、技術等人類的文化產品，而知識社會
學是在研討知識與社會中已存在的各種因素的關係，則「知識」實際
上就是訊息或傳播，知識社會學應可對傳播社會學有相當程度的啓發作

─────────

❻　知識社會學的經典之作，自非 Karl Manneheim 的 Ideology and
Utopia 一書莫屬（有中譯本）。近人論著可參見 Berger and Luck-
mann, 1971。有系統評介知識社會學的文章，見 Bernstein, 1976;
Merton, 1968 第十四、十五兩章。又，「知識」一詞，在這裏必須廣義
解釋為任何文化產品。這也是下文談到「知識」「差距」一詞時，採用「
知識」兩字的原因。

用。❼下文談到「知識差距」時，將試圖引進若干知識社會學概念，爲
這個努力方向作初步探索。

這裏不能不再度簡略提到法蘭克福學派的貢獻。美國式的經驗研究
方法，隨著一批戰爭期間流亡美國的法蘭克福學院成員返回德國，而在
德國大衆傳播理論的研究方面形成經驗學派和辯證學派的對立，後者以
阿多諾和赫布馬斯（Jürgen Habermas）爲首，力陳純粹經驗研究的
流弊，認爲科學方法並無普遍性，科學知識根本是因社會性質而異，所
以，一個批判性的傳播理論，不能根據猜測，而應根據社會的狀況和對
於社會中傳播活動的瞭解（引自Hardt，1979）。

以上說明社會變遷和學術趨向，使大衆傳播研究走出媒介和效果研
究，開始重視資訊分配問題。這四個歷史趨向是：重視平等、兼顧成長
與分配、強調社會理論、知識社會學（包括批判學說）的啓發。四個趨
向不約而同顯示大衆傳播活動與社會的政治、經濟、文化生活緊密結
合，是當前人類社會生活不可或缺的要件，因此傳播研究勢將比以前更
加強調社會的研究，更需要社會理論。以下擬從社會結構觀點，探討社
會變遷中的資訊分配問題。

第二節　社會結構

❼　羅森格林（Rosengren，1981）也認爲知識社會學和傳播社會學有許多相
　同之處，但兩者一向各行其是。知識社會學研究知識如何在社會中產生，
　傳播社會學有人視爲以社會學角度研究傳播，這種看法固無不當，但沒有
　太大的意義，因爲傳播「社會學」必然是採取社會學的角度。筆者以爲，
　比較適當的說法，是把傳播社會學的內容，限於「傳播活動如何在社會情
　境中產生」。
　從過去的發展來看，知識社會學偏重在社會理論探討，傳播社會學則偏重
　傳播的實證研究。後者可參閱McQuail，1972；Tunstall，1970．

壹、角色、地位、結構性約束

在所有社會結構理論中，說得較透徹的，莫過墨頓 (Merton，1968)。墨頓引用林頓(Ralph Linton) 的社會地位 (social status) 和社會角色 (social role)，認為是分析社會結構的兩個重要概念。所謂地位，是指個人在社會系統中據有的位置；所謂角色，是指以行為表現隨此地位而來的固定期望。以地位和角色連繫了文化界定的期望和固定行為，其關係即為社會結構。簡單地說，社會結構是由不同地位和不同角色所組成的一定社會狀態。

墨頓指出，某一社會地位常涉及一系列多個社會角色，是社會結構的基本特性。這一系列多個社會角色，相輔相成，特稱「角色組」(role-set)；同樣，一個人如果在不同社會層面上同時據有多個地位，則稱「地位組」(status-set)。角色組和地位組的安排和層次，也形成社會結構的一部分，以其特有方式規範社會秩序和社會過程。

社會結構如何影響社會關係和個人行為？這是分析社會結構的關鍵所在，也是墨頓的結構理論思想重心。他以「結構性約束」(structural constraints) 這個概念，來解答外在社會約束力如何影響個人外顯行為的問題，實際上則在分析一羣人的角色關係，以瞭解其他人施加於某人的外力，是有正功能 (有助於社會調適)，還是有反功能 (妨礙調適)。簡單地說，某人佔據某一特定位置，這個社會結構中佔據其他位置的許多人，對他有不同的「角色期待」(role-expectations)。如果角色期待不諧調或甚至互相衝突，則此人感受到結構性壓力，原有角色組變得不穩定，必須重新調適。然而，角色組中那些角色需要調整以及調整的方向和強度，還需視角色介入 (role-involvement)、其他人的權力大小、角色活動的可見性 (observability) 等等因素而定 (參見

Merton, 1968, pp. 425-43)。

這裏顯然不容許花費篇幅深入討論墨頓的結構理論，但我們已可看出，墨頓以分析角色關係說明外在影響力（即「結構性約束」），實係把社會現象置於特定社會情境中加以觀察，與晚近社會科學方法論的觀念頗爲一致。❽下面將以墨頓在羅維里（Rovere）的研究（Merton, 1968, pp. 441-74），或可一窺社會結構的分析途徑。

貳、羅維里個案

羅維里（實際上是個託名）位於美國東岸，人口一萬一千。這個有關意見領袖的研究，目的是要指認意見領袖類型，就其傳播行爲觀察領袖人物的角色，然後追查其影響力來源。貫穿整個研究的一個分析概念，正是角色關係。做研究的原始動機，是要瞭解全國性新聞雜誌對於各類不同讀者的功能，結果發現讀者閱讀雜誌和施展親身影響力的方式，千殊萬別，無一定軌跡可尋。即使採用「社會地位」爲指標，也不是好辦法，因爲高社會地位的人雖然大致影響力較大，但有些高社會地

❽ 施蘭姆把拉斯威爾、拉查斯菲、李溫（Kurt Lewin）、賀夫蘭（Carl Hovland）列爲傳播理論「開山祖師」，獨漏墨頓，實有欠公允。這裏不在替墨頓作翻案文章，但墨頓在哥倫比亞大學「應用社會研究所」（Bureau of Appied Social Research）與拉查斯菲共事，其貢獻不亞於拉查斯菲，尤其是理論方面更有過之，一九六八年增訂出版的「社會理論和社會結構」一書，便可證明。是書中，墨頓的兩篇文章「影響類型：地方性和萬國性影響人物」和「無線電和電影的宣傳研究」，堪稱傳播理論中的重要文獻。其中「影響類型」一文，與史杜佛（Samuel Stouffer）的「美國大兵」、凱茲和拉查斯菲「親身影響」等書，先後相承，實可代表哥倫比亞大學在社會學和傳播學的研究成果。墨頓不但是系統評介知識社會學的前導人物，他還試圖結合大衆傳播社會學和知識社會學，他在這方面的建樹，似未引起注意（參閱「社會理論和社會結構」第三部分）。有關墨頓和拉查斯菲的關係，見 Lazarsfeld, 1975.

位者卻少有影響力，一些低社會地位者卻反而有較大的影響力。

初步分析資料，有些零零星星的發現。例如，有些具有影響力的人物，閱讀新聞雜誌不是爲了自己排難解惑，而是爲了向前來求敎的人釋疑；此外，新聞雜誌對於普通人和領袖人物的功能不同——對一般人，泰半是「私人的」功能，視新聞雜誌爲個人的消費商品，用以引伸自己對於各種事務的看法；對意見領袖，則屬「公衆的」功能，以閱讀新聞雜誌爲商品，用以交換更高聲望，使他能向別人詮釋全國性或世界性事務。

這些研究發現，彼此連貫不起來，於是研究者再度分析訪問資料，居然出現了不同結果。有些意見領袖的影響力，限於羅維里市內，關心市內問題；有些人的影響力則在市外，他們較關心全國性或國際性問題。於是，研究者根據意見領袖的取向是當地還是市外，把影響類型劃分爲「地方性人物」（the locals）和「萬國性人物」（the cosmopolitans）。❾

研究者依意見領袖的取向，發現他們在下列幾方面有差異：

一、**在社會關係的結構方面**：地方性領袖出身羅維里，熱愛鄉土，幾未有過遷居念頭，他們的影響力來自認識許多人，參加的社團也以建立親身關係爲主；萬國性人物則來自外地，流動性較高，無久居羅維里的打算，人際往來着重對方是「那一類人」而不在乎交友是否廣闊，參與社團多選擇能够發揮個人技術和知識影響力的專業性組織爲主。

二、**在人際影響的通道方面**：地方性人物的影響力，乃透過「人頭熟絡」，攀親引戚，着重建立良好的人際關係；萬國性人物與地方淵源

---

❾ 墨頓說，這兩個名詞借自 Carle C. Zimmerman，而原始出處，則是東尼斯的 Gemeinschaft (localistic) 和 Gesellschaft (cosmopolitan)。見墨頓「社會理論和社會結構」一書，頁四四七，註七。

不深，他們在當地具有影響力，全靠原先擁有較高的聲望和專業技術，加上個人努力，人際關係只是影響力的產品而非產生影響力的工具。

三、在傳播行爲方面：地方性意見領袖訂閱雜誌的數量較少，較注意地方性問題和人際關係；萬國性意見領袖多訂閱「時代」之類全國性雜誌，注意外面世界的消息。此外，閱讀報紙和收聽廣播方面，也有同樣傾向。

這是羅維里個案研究大要。我們可以看出，墨頓以意見領袖關心問題的取向，分析兩類影響人物在各方面的角色關係，基本意旨不外指陳一個人的行爲與此人在社會中居於何種位置有關。萬國性人物不靠人頭熟絡產生影響力，乃受制於「結構性約束」，眞是「非不願也，不得已也」。當然，一個人在親身影響力結構中的位置，也可能因爲他在階級、權力、聲望方面居於高位的緣故，但墨頓認爲，這些只會有助於加強他的影響力，並不會決定影響力的實際運用程度。正如前述，有些高社會地位者無影響力，反倒有些低社會地位者卻成爲意見領袖。

叁、其他文獻

「影響類型」一文，是哥倫比亞大學「親身影響」研究的一部分。❿ 後人引用「地方性——萬國性」概念的，爲數不少（例如，Goulder, 1959；Blau, 1975）。整個看起來，這一系列社會學觀點的研究，值得重視的，不在指認意見領袖，不在開創一代大衆傳播研究風氣，而在宣告媒介「最大效果論」破產。由於親身影響的介入，使大衆傳播媒介

---

❿　「影響類型：地方性和萬國性影響人物」一文，原收錄在 Paul F. Laz-arsfeld and Frank Stanton (eds.) Communications Research, 1948-1949, N. Y.: Harper & Brothers, 1949, pp. 180-219, 重印在一九四九年第一版「社會理論和社會結構」。

效果顯得十分微小，研究者努力尋求新典範，一時呼聲四起，以迄於今。

同樣以社會結構觀點研究大衆傳播的芝加哥大學，卻較未引起重視 (Golding et al., 1978)。芝大社會系創辦人派克 (Robert Park) 及其門生有關羣衆行爲、都市生態學、少數民族的研究，都與大衆傳播有直接關係。其中派克 (Park, 1929) 研究報紙隨著都市社區擴大而成長，郞氏夫婦 (Lang and Lang, 1971) 研究電視現場轉播麥克阿瑟將軍遊行芝加哥市區給人的印象，簡諾懷茲 (Janowitz, 1967) 研究社區報紙的功能，算是比較爲人所知的作品。

此外，萊特 (Wright, 1975b) 整理過去若干相關研究，以次級分析 (secondary analysis) 方式，選擇了社會結構變項，賦予舊資料新意義。羅吉斯 (Rogers, 1973) 研究新事物採納過程，晚期也逐漸重視社會的結構性約束。

社會結構改變，是較爲明顯的一種社會變遷。社會結構學派甚少關注社會變遷，是經常聽到的批評之一。誠然，結構學派並非完全着重社會系統平衡，他們也研究系統的失衡和調整，但被指責未重視社會變遷，可能係研究方法上的困難居多，因爲涉及變遷，便須集合兩組時間序列資料。下面討論「知識差距」，仍然從社會結構着眼，但在概念上卻含有濃厚的社會變遷意味。傳播科技一再創新，早先認爲採用精密傳播技術和增加資訊才是個問題，到七十年代卻轉變爲如何改善農村居民的資訊環境問題。如果傳播或資訊對社會確有相當的作用，則在增加資訊數量之外，如何改變資訊環境，應是重要課題。

第三節　知識差距

壹、知識差距假說

　　傳播或資訊因爲社會結構導致分配不均衡的現象，通稱「知識差距」(knowledge gap)。 ⑪ 社會學界研究社會衝突(例如「衝突理論」)，教育學界研究教育機會平等（例如前述「柯曼報告」)，經濟學界研究財富分配（例如前述柴利的「複利法則」)，或多或少與知識差距的研究在理論上有相通之處，不過傳播學界首先提出「知識差距假說」(the knowledge gap hypothesis) 的， 是提契納和他的同事（Tichenor et al., 1970）：

　　　　大衆媒介的資訊流入社會系統一旦增加，社會經濟地位較高的人，吸收資訊的速度常比社經地位較低者快，以致這兩類人知識差距，會擴大不會縮小。(pp. 159-60)

　　這並不是說， 低社經地位者完全得不到資訊， 而是與高地位者相比，他們所得較少而已。提契納綜合過去有關的研究，認爲教育程度是社會經濟地位的有力指標。

　　知識差距的觀念，無異否定了傳統看法：一、認爲資訊有助於解決社會問題，只要提供資訊，則每一個人都能瞭解問題癥結；二、增加資訊，則人人會得到足夠的知識 (Donohue et al., 1975)。

---

　⑪　亦稱 information gap, information inequity, information poor, communication gap, communication effects gap.

「知識差距假說」卻主張：增加資訊流通，教育程度較高的人，獲取知識的速度，要比教育程度較低的人快。言下之意，知識既有差距，可見並非人人都能充分瞭解問題。這簡直是對民主政治「理性假說」的一項直接挑戰。

十年之間，從美國到印度、斯堪地那維亞半島，都有人研究知識差距的問題（詳細書目參見 Dervin，1980）。

貳、理論淵源

知識差距問題的提出，除了符合前述晚近社會科學思潮外，在過去大眾傳播文獻中也隱藏著若干線索。提契納自承受到下面幾類研究的影響（Tichenor et al.，1970）：

首先是傳播行為中對於「教育」這個變項的研究。這方面文獻甚多，毋須詳列。簡言之，教育程度較高的人，接觸媒介的種類和數量都較教育程度低的人多。 媒介宣傳運動的真正對象， 常是公共事務一無所知者，但他們卻難以接觸消息，海曼（Hyman and Sheatsley，1947）稱這些人為「不知不覺者」（chronic know-nothings）。一般的解釋是：高教育程度者，對公共事務較有興趣，常接觸媒介，因此消息也較豐富。

其次是民意測驗對於公共事務或某些重大新聞事件，常在不同時間連續作多次測驗，以追蹤意見或知識的改變。例如一九五五年蘇俄發射「史潑尼克一號」 人造衛星， 到一九六六年美國首次試驗載人太空飛行，民意測驗顯示，高教育程度者不僅知識增加較快，而且也較相信人類可能登陸月球。在這段期間，傳播媒介大幅度增加科學新聞，但知識差距也隨時間而加大。

「知識差距假說」也從報紙罷工的研究得到支持。在報紙罷工的城

市，沒有消息流通，故高教育程度和低教育程度者的差距較小；而報紙照常發行的城市，兩者差距較大。

　　以上三類資料，雖與「知識差距假說」一致，但其影響因素多係推論而得，還缺乏直接證據。提契納 (Tichenor et al., 1970) 等人的一項實驗，顯示某篇特定文章如係討論報上業已廣加報導的話題，則教育與知識的相關程度較高；如這篇文章係討論報上甚少提及的話題，則相關程度較低。 這是知識差距的一項直接證據， 它說明報導愈多的新聞，高教育程度的人比低教育程度的人得到較多消息，而冷門新聞卻無此現象。

　　知識差距的觀念提出後一年，美國教育性兒童電視節目「芝麻街」評估報告，也發現同樣現象。貧窮人家子女從「芝麻街」學到的基本知識，雖與中上人家子女不相上下，但觀看這個節目的，卻以中上人家子女居多，故整體看起來，中上人家子女獲益反較貧窮人家子女多，等於加大了知識差距 (Bogatz and Ball, 1971)。

　　這些研究證據， 一再顯示社經地位低者， 比較不可能主動尋求消息、使用權威資料、有處理資訊的技巧、有密切的人際接觸。但零零星星的研究結果，迄未能就形成知識差距的原因提供合理完整的解釋──尤其是因果關係的解釋。

叁、形成知識差距的原因

　　綜合各方看法，形成知識差距的原因，有下列幾項 (Tichenor, et al., 1970; Katzman, 1974; Hyman and Sheatsley, 1947; Genova and Greenberg, 1979; Findahl and Hoijer, 1981)：

　　一、教育程度差異，導致傳播技巧懸殊。教育程度較高者，經濟情況較好，較有機會接觸傳播通道，閱讀能力和理解能力較高，故吸收較

多資訊。

　　二、過去對於某一話題，因教育或持續的媒介接觸，導致現有資訊程度不一。已經擁有較多資訊的人，較能運用大眾傳播媒介上的新資訊。

　　三、對於某一話題，有適當環境或參考團體因而時常主動與他人討論，則對此一話題接受較快。

　　四、興趣較高、動機較強的人，由於選擇性暴露、選擇性接受、選擇性記憶作用一再重複，知識累積較多。

　　五、現有傳播系統多以一般中產階層為主要傳播對象，無論是公共事務、科學、觀念，多為迎合一般讀者，加上新聞工作者多係出身中產階層，題材的選擇和重複，也往往針對中產以上階層，忽略了低社經地位者的需求。這種情況，尤以需要相當閱讀技巧的印刷媒介更為顯著。換句話說，傳播系統的結構與社會結構之間的交互作用，可能促使知識差距加大。

　　這些因素，分開起來，固然能解釋部分知識差距的形成原因，但因素之間彼此關係究竟如何？只是揭露社會若干階層較不能或較不願接觸知識，一方面是閱聽人本身使然，一方面也是現行傳播結構的結果，兩者怎樣合在一起解釋才較合理？這裏要談到三種解釋：缺陷解釋、差異解釋、中產階層霸權解釋。

　　「缺陷解釋」(the deficit interpretation) 代表人物是伯恩斯坦 (B. Bernstein)。[12]伯恩斯坦研究英國工人階層的語言，特別注意兒童的符號環境，他的主要立論是：低社經地位者所使用的語言，在形式和內容上均受限制，其特性是短命令句、簡單陳述句、簡單疑問句的比率極高；符號運用多係陳述的、實體的、視覺的、低層次概括性的；強調情緒而非邏輯關係。另一方面，高社經地位者所使用的語言，較多親身

---

　　[12]　這兩段取材自 Ettema & Kline, 1977.

和涉及個人的字眼，邏輯週密。其他人根據這種解釋進一步推演，認爲語言缺陷會演變成認知缺陷，無法進行複雜而抽樣的認知思考工作。「缺陷解釋」的推論順序是：環境缺陷導致語言缺陷，語言缺陷則導致認知缺陷。

　　但柯爾 (M. Cole and J. S. Bruner) 不認爲社會氣候或貧窮文化之類的環境缺陷能够解釋學習上的差距，他認爲文化劣勢團體的成員，其能力與優勢團體無分軒輊，但表現有差異，乃是表達能力時的情境所致。「差異解釋」(the difference interpretation) 主張：不同社會階層或文化的人，在不同情境中發揮其能力，一旦情境適當或當事人有極高表達意願時，則侃侃而談，並無語言缺陷的情事。此說重點，在於情境差異。

　　第三種解釋是所謂「中產階級霸權」(bourgeois hegemony)。瑞典和芬蘭的傳播研究，也發現知識差距存在，但他們解釋這種現象，卻極富意識型態。知識差距被視爲一種社會隔離(social segregation)。透過現有社會經濟制度產生某些機能，使「資訊貧乏者」停留在低水準的主觀資訊需求上，原因在於「中產階級霸權」是社會的一個過濾器，阻止了某些消息流通到「資訊貧乏者」，致無法瞭解社會現實； 而大衆傳播媒介的實際功能之一，是支持 「中產階級霸權」(Nordenstreng, 1977)。

　　三種解釋對於形成知識差距的原因，著眼點各異，但在架構上都離不開社會結構，認爲社會階層之間存在著資訊不平等，此一鴻溝隨時間而加大。在這裏，無意評斷這些解釋是否合理，只想指出一點：知識差距的現象不論是否存在，這方面的討論如果一再侷限於比較不同社會階層的知識差異，其結果不可避免地要說：「是呀，社會上果眞有知識差距存在！」

至於知識如何從社會產生，人如何運用符號傳播意義，符號與知識的關係等基本問題，有關知識差距的討論鮮少觸及。難怪批評者要說，知識差距的研究，實際上是問錯了問題 (Dervin，1980)。

社會結構分析有不同層次，把階層一分為二，似乎假定「有者」本身是一個同質性甚高的團體，在社會和心理上具有相似的特性，與「無者」截然不同；從橫的比較來看，似乎也暗示無論社會文化的特性如何，凡屬「有者」，不論處於那一種社會，必然同樣擁有尋求資訊的能力、技巧、意願；甚至暗示大眾傳播媒介無論負載那一類資訊，對社會的功能均無甚差別。

這種想法未免過份簡單。傳播是人與人間產生意義的一種過程，必須透過符號運用。知識的形成，也是運用符號的結果。兩者均出於同一社會基礎。這樣看來，知識社會學或許對於傳播研究有所啓發。墨頓把這兩個不同研究領域並列，只是隱隱約約、間接暗示了兩者的社會學關係，並未明白在傳播的產生和知識的產生之間架一座橋，加上他日後醉心於建構社會學理論，這個可稱為「知識的傳播理論」(the communication theory of knowledge) ⑬學術領域，從此幾成絕響。

第四節　知識社會學解釋

壹、知識社會學簡介

知識社會學研究社會上任何有關「知識」的事項──任何印象、態

---

⑬　借用 David Crowley 語。Crowley (1981) 認為，殷尼斯 (Harold Innis) 對現代傳播理論的貢獻，在於歷史的傳播理論、社會的傳播理論、知識的傳播理論三方面。

度、信念、感覺。不論「知識」是否爲眞，知識的產生、傳遞、保存都必須在社會情境中進行。對社會中的人而言，浸之淫之，早已習以爲常，視之爲當然的社會「事實」，但在別的社會，卻不視這些「知識」爲「事實」。可見「知識」和「事實」怎樣結合，乃依特定社會情境而定。知識社會學一方面觀察不同的社會把那些「知識」視爲當然，另一方面則分析「知識」在社會上變成「事實」的過程。換言之，「事實」是在社會中建構而成的，分析日常生活中的「事實」——明確地說，是分析「知識」如何引導日常生活活動，一般人知道甚麼等問題——便成爲知識社會學分析的第一步 (Berger and Luckman, 1971)。

　　人對於一時一地的日常生活，有共同體認，主要是藉著面對面、符號、語言等方式表達出來。以語言爲例，我們必須與社會中其他人同樣接受這種語言，同意其型式、文法、意義、表達方法，才能共同建構日常生活的「事實」。語言系統自有強迫力量，使我們思考時不得不遵循這套語言系統的規則。我們不能以中文文法講英文，家裏小孩自行杜撰的兒語「不足爲外人道」，講話要看場合等，在在說明表達個人經驗須用社會所能接受的共同語言方式。因此，語言系統決定了我們所能領略、運用、溝通那一類資訊；也正因爲如此，是否具有運用語言符號的技巧，也就決定了吸收資訊的能力，成爲學習的先決條件。

　　運用語言符號的能力，至少包括下列幾方面：

　　一、知悉語言符號的範圍和語言符號所指涉的範圍；

　　二、知悉訊息或活動的符碼化 (coding) 過程和運作；

　　三、能够以適當方式儲存或取用符碼化資訊；

　　四、對於先前類似活動的結果稍有瞭解，以憑判斷此次活動的後果 (Gross, 1973, p. 194)。

　　這些觀點並無新奇之處，也都在學習心理學和大衆傳播學討論資訊

處理 (information-processing) 的文獻上一再出現。 知識社會學在這方面強調語言符號系統是經由社會關係而形成特定規則，意義的產生或人與人相互溝通——也就是「知識」的形成——離不開這套日常生活中視為當然的規則，似乎提出了這個領域一直未曾涉及的問題：知識不是客觀存在的真理，而是由特定社會在日常生活中建構的。

這並不是說，知識社會學已萬流歸宗，儼然自成體系。知識社會學源自德國和法國，早期頗富哲學意味，經墨頓引入美國，逐漸與普通社會學結合，認為知識社會學應成為社會系統中分析社會行動 (action) 的許多社會學支流之一。 不論研究取向如何， 學者之間有一相同的觀點，即知識由外在的認知因素所決定，非由內在因素決定。因此，個人運用語言符號的能力，不僅具有「存在基礎」(existential basis)，而且須在社會行動（互動）中才能顯出意義。

巴伯 (Barber, 1975) 主張， 未來的知識社會學要像其他社會學支流一樣，以分析社會學的基本素材「行動」（即「互動」）為主。 由於「行動」的存在基礎是此一社會的文化結構，故知識社會學的主要研究對象就是文化。但社會系統中的行動，其組成成份除文化外，還包括社會結構和人格。知識社會學研究文化，其他社會學支流則研究社會結構或人格，如果「行動」是知識社會學的分析素材，則文化與社會結構、人格之間的相互關係，也須加以澄清。

貳、知識社會學與大眾傳播研究

以上粗略引介知識社會學的範圍和主題，難免掛一漏萬。雖然「知識」一詞的意義並不統一， 幾與思想、觀念、態度等名詞混用，甚至涵蓋了哲學、科學、技藝一切文化產品，但這個領域不妨簡單定義為研究知識與社會、 文化中各種實存因素 (existential factor) 的關係（

Merton, 1968)，也就是研究「事實」如何經由社會建構而形成（Berger and Luckman，1971）。

知識社會學與大衆傳播有甚麼關係？尤其對於大衆傳播研究中的知識差距問題，又有什麼特別意義？

誠如墨頓所說，❹知識社會學和大衆傳播，雖是彼此各自發展的兩個領域，其實相互爲用，在理論概念、研究方法、實證研究方面，均值得相互借鏡，因爲兩者同樣注意社會結構和溝通（communications）的交互作用。知識社會學發源於歐洲，側重總體理論的哲學性思辨，一般心態是：「我們不知道我們所說的是否爲眞，但我們說的，至少是重要問題。」另一方面，以美國社會學家和心理學家爲主的實證學派，研究民意和大衆傳播時，多側重蒐集實際資料，誤以爲資料就是證據，因而忽略了理論性問題。他們的心態是：「我們不知道我們所說的是否意義非凡，但我們說的，至少是眞的。」

下面引介墨頓的看法，擬從一、主題和問題的定義，二、對資料和事實的看法，三、研究技術和研究過程，四、主司研究的機構四方面，比較歐洲知識社會學和美國大衆傳播學，或有助於瞭解兩者應如何相攜相成。這裏故意強調兩大陣營的相異處，終極目的則在促成兩者相互攻錯。

歐洲學者的興趣，在於挖掘知識的社會根源，探尋社會結構影響知識和思想的途徑，知識社會學因而關懷專家或知識份子的智慧產品，也就是關懷思想——不論其爲科學、哲學、經濟或政治思想。美國學者則較注意大衆的信念，因此研究「意見」而不研究「知識」（這只是爲了便於比較，實際上意見可能演變成知識，知識也可能分解爲許多意見）。

進一步區辨，歐洲學者談「知識」，美國學者談「資訊」。知識指事

❹　以下幾段取材自 Merton, 1968, pp. 493-09.

實或觀念自成體系者，資訊則無此涵意。因此，歐洲學者多半研究少數精英份子的整體知識結構和體系，美國學者則研究大衆所能接觸的片斷資訊；歐洲學者強調整個意識型態的邏輯關係，美國學者強調各種觀念的實際驗證；前者分析政治運動的意識型態，後者調查投票意向。

甚麼是資料？資料怎樣才能轉變爲事實？歐洲學者採取大而化之的態度，從少數文件得到印象，常被引爲某種思潮或學說的事實。學術地位較高的學者，甚至以個人印象或歸納個人思考結果，作爲支持某種信念的實證資料。資料本身缺乏系統，尤其是知識社會學資料多係從歷史事件綜合過去大多數人的一般行爲，更無系統可言。但他們不願專心致力於檢驗個案資料是否爲事實，逕自解釋手邊現有資料，大刀闊斧，取簡駁繁，故常見林不見樹。美國學者則傾向於考驗實際資料的效度，認爲資料的品質能夠實際驗證才是第一等大事，因此步步爲營，小心求證，故常見樹不見林，忽略理論和歷史背景，多重短期效果研究。

在蒐集資料和隨後的資料分析方面，歐洲學者從不知研究技術爲何物，甚至認爲談到知識社會學應如何分析，簡直是一種侮辱。他們從歷史、哲學、藝術抽絲剝繭，以檢驗資料的眞實性，不願拘泥於分析技術。與這種作風大相逕庭的，正是美國大衆傳播研究者。過去數十年，他們追求系統的研究方法，大量沿用各種研究技術，特重資料的信度——即多次測量得到相同結果，不同研究者得到相同資料——幾不爲歐洲學者視爲問題，或許是歐洲知識社會學承襲歷史家詮釋資料的方法所致。

此外，由於美國商業界支持市場調查，以及軍方支持有關宣傳和說服的研究，學者自然而然關心大衆媒介影響閱聽人的問題，研究方向在於消息如何左右意見和改變行爲。歐洲則把重點置於消息來源，研究影響思想的結構性因素。

　　在研究人員方面，歐美也有很大的不同。歐洲學者多半單獨作業，依賴圖書館資料，故無法兼顧資料的信度問題。美國學者常在政府或商業機構支持下做研究，人手既衆，資料又極龐大，因此爲求研究人員相互連繫及作業前後一貫，資料信度便成極其迫切而重要的要求，自不待言。

叁、重新詮釋知識差距

　　墨頓沒有明白說明知識社會學應該怎樣與大衆傳播研究結合。他只是囘顧了歐洲知識社會學發展，又以專章介紹曼漢（Karl Mannheim）的知識社會學理論，最後檢視了他跟拉查斯菲合作的廣播和電影宣傳研究。他只淡淡提到歐洲學者的理論分析和美國學者的實證研究技術可能相互啓發而已。實際上應該怎麼做，墨頓的意思不外老生常談：取人之長，補己之短。他擧出羅文索（Leo Lowenthal）分析美國通俗雜誌上「名人訪問」文章爲例，說明羅文索的雜誌內容分析注意到數十年間美國人的價值觀念由「生產偶像」（idols of production）轉爲「消費偶像」（idols of consumption），即拜歐洲傳統社會理論之賜。

　　僅此一例，要替知識社會學和大衆傳播研究搭橋，談何容易！別的不談，知識社會學解釋知識差距的問題，是否較缺陷解釋、差異解釋、中產階級霸權解釋更爲周全？

　　這裏必須重複知識差距的基本立論：資訊不斷流入社會，則社會經濟地位較高者吸收的知識較多，社會經濟地位較低者吸收的知識較少，兩者差距會隨時間擴大而非減小。知識社會學重要概念之一，是知識的形成有其特定社會基礎。　但在日常生活中，　一個人同時隸屬於多個團體，具有多個角色和地位，其思想和行爲的社會基礎，既非由一個團體決定，也非純由社經地位引導，而是這些團體隸屬關係的綜合體。此一

社會結構，似非社會經濟地位這個層面所能全部涵蓋。

從這裏開始可以看出知識差距假說的闕漏。社經地位無法完整代表社會基礎，前述興趣或動機有時反倒較能解釋知識差距，只是一例；有關新事物傳散的研究，顯示創新者 (innovator) 較先吸收新知識，較敢採取創新新行為，然而創新者在社會結構中常是「邊際人」，不一定有較高的社會經濟地位，又是一例。

其次，知識社會學指出，思想和行為類型，根植於團體結構和團體關係，且依社會組織而改變。知識差距似乎認定人類的社會組織具有普遍性和固定性。實際上，回顧大衆傳播組織的結構，從印刷術問世以來，每一次傳播革命不但改變了資訊的本質和供需關係，而且新技藝給予不同社會的衝擊，也在性質上因社會結構對於資訊的依賴程度而有變動。其他社會組織也顯然不是靜止不動的。例如，社會遭遇重大危機或發生衝突時（團體結構和團體關係改變），資訊迅速流傳，平均擴散到社會各階層，並無知識差距現象。美國甘廼廸總統遇刺的資訊傳散研究，以及明尼蘇達州社區衝突研究（見下節），都顯示知識差距假說不適用於短期的社會變動。

第三，知識社會學分析社會情境時，特別強調生活方式是瞭解社會環境的關鍵，因為各種生活方式遵循一定的規則和標準，這種社會情境決定了知識種類。知識差距研究迄今多屬科學和公共事務消息，可謂全然忽略了知識類別的問題。奧古朋 (W. F. Ogburn) 認為文化中非物質成份變動較慢，物質成份變動較快，致造成「文化差距」(culture-lag)，這是一般人耳熟能詳的立論。我們同樣可以質問：是否各類知識都可能出現知識差距現象？

第四，知識社會學談到知識類型，經墨頓擴大引申，從功能觀點指出每一類知識並不盡然對於整個社會具有相同的功能。各階層關懷的知

識有別，接觸資訊時會經過選擇和過濾，故僅比較階層或團體所擁有的資訊數量，勢必發現差距存在，難怪批評者要說知識差距的實際研究問錯了問題。從相反角度來看，各類知識具有不同的社會功能，亦足以強化階層關係。在共產制度裏，有多少政治意識型態的知識，常與一個人的政治社會地位有關；在資本社會裏，接近大機構的科層核心或接近新的資訊科技（例如電腦）則立刻晉身優勢階層。但知識社會學的功能分析，並不忽略協調社會次系統所需要的資訊。這裏似乎暗示有些資訊屬「功能專化」，可能加強知識差距，另一些資訊屬「功能普化」，主要作用在於從橫的方面協調、聯繫社會各次系統。知識類型與其對於各類閱聽人的功能，關係如何，也是知識差距研究尚待解答的一個方向。

　　最後，知識社會學學者一向注意知識的分配問題，知識既在特定的歷史文化中產生，則知識分配必必透過此一社會結構的特有機能。對知識社會學貢獻甚多的休玆（Alfred Schutz）特別關心這個問題。一個人據有的社會地位以及隨此地位而來的角色，使他具有某類別人沒有的知識，同時也未必具有別人專精的知識。因此，熟習知識的社會分配狀況，本身便是日常知識的重要部份。我們只要大體知道誰有專門知識，必要時向他請教就夠了，就像生病時知道看醫生一樣，自己卻不必是個醫生。知識差距基本上是研究知識的社會分配，但對社會結構的分配機能語焉不詳，討論不同社經地位的知識差距，似乎必須進一步指出某類知識對某個階層是否為「核心知識」（有關聯、日常生活所需），還是「邊際知識」（無關聯、非日常生活所需）。以「核心知識」比較「邊緣知識」，顯然沒有意義。

　　以上只是粗枝大葉指出知識社會學運用在大眾傳播的知識差距研究，可能在概念上能夠與前述缺陷解釋、差異解釋、中產階層霸權解釋相互為用，並試圖替兩者的結合鋪路。以上的詮釋並無系統，限於篇幅

也無法繼續探究知識社會學解釋是否比其他三種解釋更爲貼切有力。到這裏爲止，好像大衆傳播研究可以從知識社會學單方面借用不少理論性概念，卻無反哺，充其量不過是墨頓的心願狗尾續貂而已。事實並非如此。知識社會學和大衆傳播交會的地方，是意義的溝通（communication of meaning），從大衆傳播的範疇來看，知識社會學較偏重溝通過程中的語言符號分析，而大衆傳播的研究傳統則較偏重媒介通道。五十多年來的大衆傳播研究，最大特色，盡在於此。

重視傳播通道正是知識社會學可以從大衆傳播研究汲取養份的地方。其中以理論觀點直接討論知識社會學的，當推加拿大傳播學者麥克魯漢（Marshall McLuhan）和他師承的政治經濟學學者殷尼斯（Harold Innis）。麥克魯漢析辨口語媒介和電子媒介，中文已有譯者和專著介紹；殷尼斯對照「時間偏倚」（time-binding）媒介和「空間偏倚」（space-binding）媒介對於文化和知識的影響，請參閱本書附錄二。此處不及詳述。

第五節　邁向知識差距理論

壹、延伸和修正

知識差距研究一向以社會結構觀點尋求差距存在的證據。但何謂結構？如何分析結構？團體隸屬和社會階層等關係，固然可以是一種結構觀點，問題在於社會結構如果採用其他指標，是否仍舊可以找到知識差距？媒介報導多寡以及問題的性質，是否一定導致知識差距而非知識平均？

明尼蘇達大學一組研究人員，在提出知識差距假說之後，逐漸轉向以社區結構解釋知識差距，並對原有假說作了相當幅度的延伸和修正（Tichenor, et al., 1973a; Tichenor et al., 1973b; Donohue，1975）。　他們主張從社會控制的立場探討知識分配和取得問題。意思是說：資訊流通，無論在那一種社會結構裏，其終極功能不外社會控制，以達成社會系統的平衡諧和。這顯然是平衡理論觀點。在這種觀點下，　卽使涉及社會衝突或其他社會變遷，　也被視爲短期調適，　社會系統終必恢復平衡狀態。他們指出兩個可能改變知識分配和取得的結構因素：新聞報導的問題本質是否在社區裏具有衝突性、社區結構是傳統社區還是多元社區。

如果因爲資訊增加而使受益較多的，多屬特別團體（例如高社經地位階層），　則在資訊是涉及生存大計的問題時，　此一傾向應較不明顯。新聞報導涉及民生問題，表示社區利益不一致，人人關心，不論那一個團體或階層，由於攸關利害，都注意新聞報導，故知識分配均勻，差距較小或無差距存在　──至於是那一種情形，須視社區性質而定，因此，社區衝突的程度與資訊取得的關係，可能是曲線而非直線：

　　　　社區意見完全一致或激烈衝突時，資訊取得應幾近於零。前者是因爲沒有新聞報導，後者是因爲溝通解體。但在其間某個階段，（社區的意見狀態與資訊取得之）關係應爲正向。……關係線的改變處，是衝突已無商談餘地，媒介不再發佈消息。（Tichenor et al.，1973a，p. 424）

提契納等人的解釋是：社區衝突增高，雙方意氣用事，原來的問題不再是論題，衝突本身反成論題，足以摧毀社會系統的穩定，故傳播媒介不再報導相關消息。此時社區居民多從他人口中取得消息，但這種面對面傳播由於「選擇性傳佈」和「選擇性暴露」作用，某些居民得到的消息比其他人多，知識差距現象再度出現。根據提契納等人的說明，知

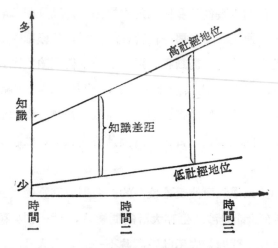

甲、原假說：一般問題

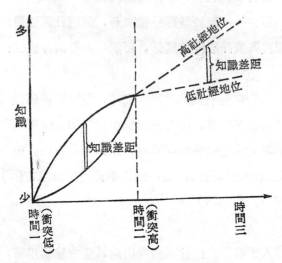

乙、修正假說：生計問題

圖五　知識差距與社區衝突的關係

識取得和社區衝突的關係，可用上圖表示：

　　圖五甲是原始的知識差距假說，適用於任何問題。此一問題經過大

眾傳播媒介報導，高社經地位者與低社經地位者之間，知識差距隨時間加大。圖五乙是修正後的知識差距關係，適用於攸關民生的生活問題。既然牽涉到生存利害，社區衝突隨之而起。乙圖假定初期社區意見完全一致，不構成問題，大眾媒介也無報導，故不論那一階層或團體，均對此事一無所知。如果衝突出現，則社經地位高者吸收知識較快，開始出現知識差距。但如果衝突極高，則人人知悉此一問題，差距幾近於零。此時大眾媒介為了避免衝突危害社區而停止報導，隨後的傳播活動轉為親身傳播，知識又再度出現差距，與甲圖相同。

　　大眾媒介為什麼會在社區衝突達到高峯時，停止報導爭論性問題？這裏似是關鍵所在。

　　提契納等人從社會系統着眼，假定「系統穩定」是任何社會系統能够生存的基本要求。社會系統可從其結構是傳統社會還是多元社會加以分辨。傳統社會多屬同質性高的小社區，居民彼此熟稔，心態、價值、或人口特性甚為相似，對地方有一種休戚與共的感情。社區報紙在地方上以報導人與人間的初級關係為主，強調社區人情味、光明面，避免報導衝突或足以引起爭議的素材，新聞都經過社區報紙記者和編輯的嚴密選擇，透過選擇性資訊傳送「餵」新聞，形同配給，以維持地方共識為前提。社區報紙這種社會控制功能，稱為「分配控制」(distribution control)。⑮

　　另一方面，大都會社區分工較細，人口異質性高，各團體的利益常相互衝突，在這種多元社會結構中，大眾傳播媒介的主要功能在於反應次級社會關係的衝突。衝突一經提出，則經過折衷、討論、協調等方式解決問題，抑制衝突。這種透過資訊同饋達成社會控制，稱為「同饋控制」(feedback control)。多元社區意卽角色專化和功能專化，加上

⑮　參見 Janowitz, 1967; Chen, 1977; 葉國超，民七十。

消息來源較多——尤其較多專門性知識——故不同階層之間知識差距較傳統社區大。

　　歸結有關知識差距的後續研究，明尼蘇達大學的研究小組雖然未曾說明知識差距是否適用於所有論題和所有社會，也未仔細檢驗媒介特性是否與知識差距有關，但他們或多或少替原有的知識差距假說提出了一些限制條件。第一，論題必須是涉及生計或地方性問題。生計問題是人類生存的基本問題，因此不容剝奪、侵犯，利益不一致容易產生衝突。地方性問題的性質，也大體涉及利益或生存。值得一提的是：這個研究小組認為衝突過於激烈，則知識差距不存在，隨後資訊流通轉為街談巷議，知識再度出現差距。第二，社會結構多元（異質性高）比同質性高的傳統社會，更易造成知識差距。他們的研究雖有實證研究支持，但資料不夠充份，也未經其他類似研究佐證，目前尚難成定論。

　　另一方面，有些研究發現知識差距並不存在，或資訊流入愈多，知識差距反倒縮小，直接對知識差距假說構成挑戰。

貳、上限效果

　　原有假說強調資訊流通量愈大，則階層之間的知識差距愈大，言下之意，似乎差距擴大是無止境的。但有些「知識」並非可以一再累積，而是有個限度。例如敎導不識字夫婦寫自己的名字，初期夫妻之間的能力雖有相當差異，但學會寫自己的名字，只要學會了，就到了極限，妻子逐漸趕上，在到達這個極限之前，其能力與丈夫逐漸縮小。這便是「上限效果」（ceiling effect）。

　　「上限效果」是在印度一個新事物傳散研究中發現的（Shingi and Mody, 1976）。在播放兩個電視節目之後測量學習程度，原先缺乏這一類知識的人雖然學得較多，與早已具有此類知識的人相比，他學到的

東西仍然差了一截。可見原已具有相當知識的人，電視所能給予的，有個極限，因此，如果「節目內容是大多數農人已經知道的，則傳播效果差距會縮小，而非加大」。

知識差距假說被否定了？

很難說。原因之一，是這個研究的規模甚小，尤其「知識」只限於有關特定新事物的瞭解而已，研究結果顯然還不能推論到其他知識。我們大可質問：電視是否只能傳送有關新事物的知識，而與其他較為深奧的知識全然無緣？如果電視內容複雜豐富，學習的人是否還會遭遇「上限效果」而無法繼續累積知識？時間上要多久才達到上限？

這些都不是單一研究能夠解答的問題。何況，印度這個研究還發現農人原先熟習較多專門辭彙的，學得的知識也較多，不是原先一無所知的農人所能企及，並未否定知識差距假說。電視節目內容深淺，可能是決定「上限效果」的一個因素。也許粗淺內容——像學會寫自己的名字——較易顯露「上限效果」也說不定。

伊特瑪 (Ettema and Kline, 1977) 檢討缺陷理論、差異理論、「上限效果」後，認為知識差距須視情況而定。他們容納若干條件，修正知識差距假說如下：

流入社會系統的大眾媒介資訊增加，有意取得資訊或認為此項資訊具有功能的部分人口，獲取資訊的速度較無意取得資訊或認為此項資訊未具功能者為快，因此這兩類人口的知識差距擴大而非縮小。(p. 188)

伊特瑪依然沒有考慮媒介通道的性質。電視是否拙於傳達深奧的知識？印刷媒介是否比電子媒介更易形成知識差距？這些問題目前都還沒

有明確答案。不過，傳播科技推陳出新，新媒介相繼問世，這些卻是研究知識差距不能不問的問題。

叁、資訊社會中的知識差距問題

殷尼斯以歷史觀點，在「帝國與傳播」一書 (Innis, 1972) ⑯ 中暢論媒介與社會變遷的關係。他認為每一種媒介不僅左右個人視聽，而且有極大的力量創造看不見的新環境，足以摧毀原有文化型態。他說，口頭傳播使希臘城邦和宗教結合在一起，但文字書寫卻瓦解了希臘人的共同生活方式，加大城邦之間差距，而使希臘文明為之湮滅。麥克魯漢繼承殷尼斯的精神衣缽，宣稱「媒介就是訊息」、「彩色電視是一種新語言」。殷、麥兩氏放言傳播媒介與社會變遷的關係，在七十年代「工業後社會」裏，似有不凡意義——雖然他們的論點毋寧說是哲理式的、預言式的，批評者認為他們重視媒介但低估內容，不無商榷餘地(Orvell, 1982)。「工業後社會」又被稱為「資訊社會」，主要特徵咸認是資訊取代能源成為基本經濟要素，資訊部門佔國民生產毛額的比率急速增加。這樣的社會，對於知識的取得和分配有什麼影響？

許勒 (Schiller, 1981) 一本「傳播帝國主義」論調，擔心經濟結構轉變，使新興工業國家被帶入現有世界結構，加深依賴核心國家；而跨國公司將是此一結構轉變的引擎，也是最大獲益者。他認為高度資本主義社會的若干特徵，可能由於新的傳播技術而愈形突出：

（資本社會）只期望資訊供給量增加，一切問題自然解決。不識字、敎育差距、政治冷漠、國際局勢緊張、文化汚染和其他問題，均期望以增加資訊解決之。結果，經濟方面財貨和勞務增加

---

⑯ 此書原出版於一九五〇年。新版多了麥克魯漢一篇序文。

了，卻無視於資源和收入不均問題；這種心態表現在資訊和傳播方面，是擴充教育、廣播、媒介、資訊，卻殊少顧及特性、品質、差距、過剩反倒成為重大障礙這個問題。只要每個人接收的資訊有增無減，這條路就被視為正確。(p. xiv)

雖然關心資訊超載（資訊爆炸）的，也不乏其人，但資訊分配是否均勻，已成當前資訊社會的重要課題 (Schiller, 1981; Dordick et al., 1981; Nedzynski, 1973)。由於資訊內容專化，媒介通道逐漸據為私人已有 (privatization)，如果資訊當真是權力，則資訊分配不均，可能形成「資訊精英階層」。綜觀過去媒介的使用和分配，每一次新媒介問世，獲益最多的，總是原已大量使用媒介的人，難怪資訊平等問題，會跟教育機會平等、所得平等一樣受到注目。美國和英國主張開放電纜電視的，重要理由之一，就是電纜電視頻道較多，能夠為少數民族或資訊貧乏者提供特別服務。資訊不平等，部分係社會結構使然，所以必須改變社會的資訊結構。因為資訊不均，就像財富不均一樣，最後將使整個社會蒙受其害。

就個人而言，資訊數量和分配，在某些人眼中也許不是資訊時代的迫切問題。怎樣去適應新的資訊環境，從資訊中產生意義，以達到真正的溝通而非僅僅傳佈訊息，似為資訊分配不可分割的一個層面。柯列普 (Klapp, 1982) 做效奧古朋「文化差距」論，把物質文化換成「資訊」，把非物質文化換成「意義」，用以說明資訊數量增加，意義卻停留在原有水準，兩者差距日漸增大，原因無他，大部分資訊是「噪音」，無補於意義。

我們不妨姑妄聽之。但眼前的事實是：資訊部門的生產比值和從業人口比率逐年增加；電腦走進學校，改變了學習方式；不出幾年，我們

或許有機會直接從通訊衛星接收電視節目。從資訊觀點來看，社會確在加速改變中。 此時正視臺灣的大衆傳播和社會變遷問題， 也許正是時候。

第五章　傳播媒介與社會變遷的假說考驗

　　大衆傳播媒介系統，是社會制度的一環；它的成長與蛻變，顯然不是在眞空的社會情境下產生的，而是與其他社會系統交織成極爲複雜的相互影響關係。

　　此類問題的討論，多係以國家或地區爲分析單位。學者所關心的問題包括：大衆傳播媒介在國家發展過程中扮演了甚麼角色？大衆傳播媒介與經濟、敎育之類社會系統的發展有何關係？如有關係，此一關係究係互動或係因果？如係因果，究竟何者爲因，何者爲果？

　　這些問題，正是研究社會變遷現象爭論最多，意見最爲紛紜的問題。早期大衆傳播學者深受媒介「最大效果論」的影響，主張媒介乃是促成社會變遷的根源。但此一觀點缺乏實際資料支持，已漸被拋棄。本章擬引介過去若干代表性的理論，以臺灣社會變遷，檢驗這些理論的適用性。部分理論文獻已見於前數章，此處力求簡短。

第一節　氣候說

傳播媒介在社會變遷中的角色，早期學者中，以倫納（Lerner，1958）為代表。倫納認為，傳播媒介可以創造經濟和社會發展所需的「氣候」，一旦充份使用媒介，經濟和社會發展才會加速向前邁進——套用倫納自己的話，大衆傳播媒介是其他變革的「擴大器」（multiplier）。

二次大戰後，亞非新興國家在獨立之初，總是優先建立一套傳播系統，例如創辦新報和設立無線電臺。優先發展傳播媒介，就像購買新式越洋航空客機一樣，成為一個國家躋身國際社會的地位象徵。倫納指出：新興國家的傳播媒介，有助於培養舉國一體的共同意識、提高民衆的向上心、教導知識和技能、動員民衆積極參與公共事務。傳播媒介幾乎滿足了新興國家在建國之初亟待處理的要務，難怪這些國家的傳播媒介機構，士兵荷槍實彈，警衞森嚴，儼然成為一種權威的象徵。

此派學者認為，大衆傳播媒介在經濟發展早期，創造了適宜的「氣候」；在經濟開始發展以後，則作為「擴大器」（Lerner, 1958; Oshima, 1967），其結果，整個社會的變遷速度加快，倫納後來甚至認為大衆媒介大大地促使低度發展國家「加快歷史腳步」（Lerner, 1974）。

倫納根據自己在中東地區的研究結果，提出了幾個社會變遷假說（Lerner, 1958）：

——都市化程度到達百分之十，則識字率顯著提高；

——此後，都市化和識字率齊頭併進，增至百分之二十五；

——一旦都市化達百分之二十五，則使用媒介與識字率有極高的相關。

倫納的假說並沒有得到支持。施蘭姆（Schramm & Ruggels, 1967）從聯合國統計資料中，抽出三十二個發展中國家，發現都市化程度甚低時，識字率已大幅提高；都市化與識字率也無同時上升的趨勢；但分析的結果顯示第三個假說卻頗能成立，正如所料，使用媒介與識字

率有高度相關。

這些假說多半未得到支持，可能是研究時間太短，不足以預測長期的社會變遷，也可能是整個社會條件業已改變的結果。因為按常識判斷，社會各層面的變遷，應當是整體而又互為因果的一種關係，也許某一個社會次系統可能在某一時期內改變較其他系統略快，但從長期來看，這一次系統遲早會被其他系統牽制，以致放慢了發展步伐。

然而，六十年代樂觀的氣氛，到七十年代頓時一掃而空。傳播學者開始體認大眾媒介的發展並非是直線的；西方發展模式，也非放諸四海皆準。更重要的是，發展中國家預期大眾傳播媒介會給國家發展帶來有利的發展「氣候」，並未見諸事實。在總體方面如此，在個體方面也不例外。

倫納曾把大眾傳播媒介視為變遷的主要動力，預測傳播媒介一旦滲入社會，就會使個人具有較高的流動力(mobility)、移想力（empathy）和較頻繁的參與活動 (participation)。「傳統社會的消逝」一書出版後十五年，倫納綜觀第三世界，不禁感慨系之：

　　「當時，我滿懷希望，以為貧困地區的民眾，無不對大眾媒介
　　和運輸逐日俱增的刺激，積極反應，漸趨富裕。
　　　　不料事與願違……令我黯然。……升高的期望轉為升高的挫
　　折，挫折不是轉為退縮就是變成攻擊挑釁，不但無補於成長，反倒
　　有害於發展。在大多數貧窮國家，業已呈現了『軍事統治』的型
　　態。軍人政府認為，大眾媒介和大眾運輸導致民眾慾壑難填。」
　　(Lerner，1973，pp. 43-44)

使用大眾媒介是否與流動力、移想力、參與活動具有因果關係，還

是難有定論，但大衆媒介的角色，由形成發展「氣候」竟至淪爲誘發「升高的期望」的主因，正顯示媒介與其他社會次系統——例如經濟、教育——至少在發展中國家， 頗不易確認彼此之間的關係。 倫納的理論中，把接觸大衆媒介視爲一種 「觸媒」。 無論是早期主張媒介觸發經濟發展，還是晚期主張媒介觸發升高的期望，其關鍵均在於媒介這一種「觸媒」可以誘發「移想力」。韓廷頓 (Samuel P. Huntington) 亦認爲: 大衆傳播媒介日益普及，會使社會產生較高的期望，一旦期望不能獲得滿足，個人或團體就會訴諸政治活動。假如此時政治制度呈現脆弱和適應不良，則政治參與的活動就會趨向不穩定和暴亂。❶ 這種觀點與倫納相似。但倫納或多或少把接觸大衆傳播媒介視爲社會變遷的來源，韓廷頓卻認爲大衆傳播媒介日益普及，乃是經濟發展的結果。

第二節　三階段說

暫撇開因果關係不談，上述有關大衆傳播媒介與社會各次系統的關係，尤其是與經濟關係，乃是基於一般人熟知的二階段社會變遷而來。一般認爲，如僅從西方世界觀之，社會變遷可大別爲「工業化前」和「工業化」兩個階段。

在『工業化前』階段，主要傳播通道，是人與人之間的直接交談。這個階段後期，印刷術發明，逐漸蛻變成今天的大衆傳播系統。到了「工業化」階段，工業成長與大衆傳播媒介的成長，相互爲用——工業化不僅是一種刺激， 也帶來資源， 使媒介日益壯大; 而媒介提供大量資訊，形成所謂的「資訊革命」， 促使工業加速發展。 兩者發展的比率大

---

❶ 見曹俊漢 （民六九） 「評析韓廷頓對開發中國家暴亂、 改革與革命的看法」。中國時報，五月十日。

約相當，步調則愈來愈快。

貝爾（Bell, 1973）認爲，近代社會變遷並非是直線的，北美洲和歐洲、日本，在第二次世界大戰後不久，已進入第三階段「工業後社會」（post-industrial society）。此一階段的高度工業化，使經濟發展邁向新路，其主要特徵則爲專化與分工。在「工業後社會」中，經濟成長有賴服務業快速擴充，「資訊」（information）變成了最重要的工業產品，故貝爾把這樣的社會稱爲「資訊社會」（the information society）。勞動力人口中，從事服務業的比率提高，而有關「資訊」的產品，也佔國民生產毛額愈來愈高的比率（Bell, 1973；徐佳士，民六一），均足以說明「工業後社會」實卽資訊社會。

梅瑟爾（Maisel, 1973）曾以資料驗證「三階段說」。他的研究，有兩個重點：

一、比較國民生產毛額與媒介系統的成長；

二、就媒介系統，比較人衆傳播媒介與特殊媒介的成長。

結果發現：比起十年前，一九六〇年美國大衆傳播媒介的成長率，約與國民生產毛額相當，但到一九七〇年，媒介的成長率已落在國民生產毛額之後。更重要的是，第一，在媒介系統中，最專化的教育系統，成長率高於次專化的個人訊息系統（包括電報、電話、郵件），大衆傳播系統成長最慢；第二，在大衆傳播媒介中，較特殊的媒介，成長率高於一般性媒介——也就是說，專門性報紙的成長率高於一般性報紙，專門性雜誌的成長率高於一般性雜誌。

梅瑟爾採用現有統計資料，加以重新歸類分析。其歸類方法和計算基數或有可議之處，但研究結果說明了第三階段其他的社會因素變遷，大大改變了大衆傳播媒介的發展方向，整體而言，與其他學者的觀察，相當援近。至少，在美國一地，電視、廣播、報紙、雜誌等四種主要大

衆媒介，屬全國性或一般性的，過去這二十年間，有的消失，有的萎
縮；屬地方性或特殊性的，一般而言，情況較佳（余也魯，一九八〇），
英國亦有類似情形（Brown, 1978）。未來學家杜佛勒（Toffler, 1981）
特稱此類媒介爲「小衆媒介」（the de-massified media），而未來的
社會，將是「小衆社會」（the de-massified society）。

第三節　假說考驗

「三階段說」一方面預測大衆傳播媒介與其他社會次系統的發展，
是一種嶄新的關係，另一方面又宣告大衆傳播媒介正日漸式微。這些現
象是否可以超越文化和社會結構？下面將以我國爲例，局部複製梅瑟爾
的研究，爲大衆傳播媒介與社會變遷，提供一些可供參照排比的資料。

這個研究有兩個目的：第一，觀察大衆傳播的成長，是否較其他社
會次系統有日漸遲緩的趨勢；第二，在同一種大衆媒介內，是否如同預
料，特殊化的媒介成長率高於一般化的媒介成長率。經過檢驗後，如果
我國在過去十五年也呈現了大衆媒介日漸式微的現象，則我們當較有信
心指出：這是大衆傳播媒介的自然成長過程，不因文化和社會結構而有
差異。此外大衆媒介式微，按照前述若干學者的看法，似乎是一個社會
步入「工業後」發展階段而以資訊爲取向的象徵。果眞如此，則無異證
實早先學者所倡言的「西方模式」乃是社會變遷的唯一途徑，也或多或
少支持了「技術宿命論」。

本研究的資料，來自政府統計，詳見各表附註。由於有關大衆媒介
的統計，遲至民國五十三年始有較可靠的資料，所以下列各表數字限於
民國五十五年至六十九年。此外，本文所述社會變遷，着重社會各次系
統的自然演變，並不重視突發的重大社會衝擊。與梅瑟爾的研究相似，

統計資料也以五年劃分爲一個階段。不同的是，梅瑟爾的研究涵蓋一九五〇年至一九七〇年的二十年期間。

　　表一顯示了經濟系統和傳播系統在每一階段的平均成長率，其他系統不予列出，理由不外是經濟成長一般認爲是社會變遷的最好指標，何況早期傳播學者的討論，也泰半集中在大衆傳播與經濟的關係。不過，限於資料，表一的數字，與梅瑟爾所依據的，仍有不同：

　　一、「實值國民生產毛額」根據行政院經濟建設委員會資料，係按民國六十五年幣值調整，爲彌補資料基數不同，特增列按當年幣值計算的「平均每人所得」。前者僅供參考之用。

　　二、教育經費僅列「平均每人實質教育經費支出」，梅瑟爾則列出公私教育支出總額。我國雖有私人教育經費支出的估計，但換算不易，

表一　經濟和傳播系統平均成長率

	55-59	60-64	65-69
實質國民生產毛額(1)	10.84	7.88	9.86
平均每人所得(2)	12.20	16.55	17.54
傳播系統			
平均每人實質政府教育經費支出(3)	14.00	4.02	9.64
個人傳播(4)	10.98	13.10	11.00
大衆傳播(5)	26.86	17.14	5.36

資料來源：

　(1)社會福利指標，行政院經濟建設委員會，民七十年，頁五。實質國民生產毛額，按民國六十五年幣值調整。

　(2)同上，頁六。平均每人所得，按當年幣值調整。

　(3)同上，頁四六。

　(4)同上，頁五一。個人傳播指數，包括每千人電話架數、平均每人郵寄函件數。

　(5)同上，頁四七。大衆傳播指數包括每千人報紙雜誌份數、每千戶電視機架數、每十萬人電台數。

故從略。❷

　　三、梅瑟爾的「個人傳播」直接採用政府統計的電報、電話、函件營收總額，我國缺乏此項資料，故僅以電話架數和函件數代替；梅瑟爾的「大衆傳播」營收總額，包含書籍、雜誌、報紙、唱片、電影的廣告收入和消費支出總額，電纜電視則假設每年收視費美金五十元。我國無類似資料，故以「社會福利指標」所列「大衆傳播指數」代替之。

　　表一可以看出，民國五十五年至五十九年的五年間，「平均每人所得」，平均較上年增加了百分之十二點二〇；從民國六十年開始的五年間，平均成長率為百分之十六點五五；六十五年至六十九年則為十七點五四。這十五年間，雖因經濟不景氣等因素，使國民所得增加率略有起伏（例如，民國六十三年國民所得增加率近百分之三十二，次年則僅為四點三），但三個階段每年平均成長率迭有增加，且增加幅度逐漸加大。

　　撇開其他系統不談，傳播系統（含教育系統）是否隨着經濟發展而成長？表一顯示，就「平均每人實質政府教育經費支出」而言，並非如此。在民國五十五年至五十九年間，平均每年增加百分之十四，其間涵蓋民國五十八年開始實施九年義務教育，致使當年教育經費巨額增加；但第二時期的五年，教育經費平均成長百分之四，不僅與實質國民生產毛額的成長不相稱，更與平均每人所得不成比率。不過，到第三期的五年，教育經費成長率約與實質國民生產毛額成長率相當，但仍遠低於個人所得成長率。

　　梅瑟爾把教育列入傳播系統內，當做極為專門、特殊的「媒介」，與一般的觀念不符，但他這樣做，自有其立論根據。他說：

　　　　「教育系統是所有特殊媒介中最為重要的一種，其核心在於學

---

❷　參見「臺灣省家庭收支計劃調查報告」、「臺北市家庭收支計劃調查報告」歷年調查報告。

校系統——一種傳遞特殊資訊的龐大媒介。學校系統也帶動了教科書、技術性裝備、視聽材料等特殊媒介的使用。同樣重要的是：學校系統所造就的人——尤其是高等教育——無論在公私生活方面，都是特殊資訊的消費者。」(Maisel, 1973, p. 161)

因此，梅瑟爾認為，教育系統的成長，是考驗「三階段說」的關鍵依據。本研究顯示，如不計私人教育經費支出，表一的數字並沒有依隨平均每人所得而成長。

至於個人傳播，仍未能完全符合梅瑟爾的預測，其成長率雖較接近平均每人所得，但民國六十五年至六十九年第三時期卻略為下降，可算部分支持了梅瑟爾的假說。根據「三階段說」，大衆媒介應逐年式微，表　完全支持了這種損測——大衆媒介在第一個五年的成長率，遠高於平均所得，其後逐年下降，成長率與經濟發展難成比率。

由於本研究教育系統經費計算方法與梅瑟爾有異，再加上梅瑟爾把教育系統視為一種特殊的傳播媒介，在概念上不無商榷餘地，因此暫時略去不談。以下擬解答另一個重要問題：在個人傳播和大衆傳播系統中，較一般性媒介是否日漸式微？

個人傳播系統中，函件比起電話，應屬較一般性媒介，因為函件中甚多是商業性質，向大衆寄發，電話則純係兩人間的傳播媒介。表二顯示，每千人電話架數在第一時期的五年中，年平均成長率為百分之十六點四八，到第三時期則增為百分之二十點八四；相對的，平均每人函件數第二時期僅有少許成長，到第三時期則大幅滑落。

大衆傳播方面，每千人報紙雜誌份數以五年為一期的平均成長率，大體屬於穩定成長的型態；性質上應可稱為一般性媒介的電視，三個時期中，卻顯現了逐漸下降的成長率；更專門化的收音機，此處因以「每

表二　個人傳播和大衆傳播平均成長率

	55-59	60-64	65-69
個人傳播			
每千人電話架數	16.48	20.30	20.84
每人平均函件數	5.44	5.88	1.10
大衆傳播			
每千人報紙雜誌份數	6.92	10.94	10.56
每十萬人電臺數	7.70	20.58	2.60
每人平均每年觀賞電影次數	5.30	-7.42	9.80
每千戶電視機架數	49.94	19.94	2.96

資料來源：社會福利指標，行政院經濟建設委員會，民七十，頁一三～一四。

十萬人電臺數」代表，第三期成長極微，但若以收音機架數爲依據，則應呈高度成長型態。❸電影是表列四種大衆媒介中，與收音機（廣播）甚爲接近的專門化媒介，但卻在第二時期（民國六十年至六十四年）呈現成長衰退，直到第三時期才急遽恢復，甚費猜疑。如僅就報紙雜誌份數和電視機架數，似乎再度肯定了「三階段說」。

　　事實也許不然，因爲：

　　——大衆傳播媒介中，雜誌應比報紙更專門化，除非我們能提出證據，說明雜誌成長率高於報紙，甚至專門性雜誌成長率高於一般性雜誌，專門性報紙成長率高於一般性報紙。可惜我國缺乏此類統計資料。❹

---

❸　我國自民國六十六年起，停止徵收收音機執照費，並停止統計收音機數量。一般估計，近年來收音裝備應有大幅增加。參見陳世敏（民七十）「近三十年來我國的廣播電視」。教育集刊，第六輯，頁二〇三～二二四。

❹　「社會福利指標」有關每千人報紙雜誌份數，係綜合「臺灣省家庭收支計劃調查報告」和「臺北市家庭收支計劃調查報告」而成。其中報紙和雜誌合併計算，與國際通例不一致。詳見第六章。

——我國無最近數年的收音機數量，無收聽「專業性廣播」和「一
　般性廣播」的統計，故無法證實廣播比電視更「專門」。我國
　廣播電臺雖有日漸專業化的趨勢，但爲數不多，一般而言，人
　們只收聽某一特定節目，非因爲電臺專業化而選擇電臺。

　　表二以媒介數量成長率，表示各類媒介在十五年中的消長，或許不
能一窺一般性媒介和特殊性媒介的發展型態。茲另以廣告額成長率輔助
說明之。

　　表三顯示，大衆媒介廣告總額，在民國六十年至六十四年五年平均
成長率均相當遲緩，致使電視廣告、戶外廣告、直接函件廣告、戲院廣
告和其他廣告的成長率，隨之下降；但報紙、廣播和雜誌這三種特殊性
媒介（指與電視相對而言），廣告平均成長率卻反有增加，未受此一時

表三　各類大衆傳播媒介廣告額平均成長率

	55-59	60-64	65-69
廣告總量成長率	26.23	18.76	25.29
報紙廣告	19.55	22.15	29.67
廣播廣告	8.93	25.57	23.59
電視廣告	41.97	19.24	21.52
雜誌廣告	34.82	39.82	24.19
戶外廣告	15.35	-0.47	6.60
直接函件廣告	73.57(1)	27.73	21.34
戲院廣告	28.62	-7.44	24.43
其他廣告	22.76	3.15	28.78

(1)民國五十八年、五十九年平均成長率。

資料來源：
　①周文同：「廣告事業十年來的發展」，中華民國新聞年鑑。台北：台北市新聞記者
　　公會，民七十，頁一三八～一四〇。
　②顏伯勤：台灣廣告量研究。台北：華欣，民六三，頁五〇～五一。
　③顏伯勤：「去年廣告量成長遲緩」，工商時報，民七一年二月二十二日。

期經濟不景氣的影響。不過，報紙廣告的平均成長率，三個時期持續增加；廣播與雜誌則在第三個時期略爲下跌；同一時期，電視廣告卻有回升的跡象。綜觀表三，似難完全支持「大衆傳播媒介在工業後社會日趨式微」的假說。

以上統計資料，顯示缺乏完全符合「三階段說」的變遷證據，我們並未完全脫離由大衆傳播媒介所主宰的「大衆社會」，進入向特定對象傳遞特殊資訊的「小衆社會」。原因可能是：

——「三階段說」根本不存在；即使存在，大衆傳播媒介的發展，不一定與經濟成長具有直線的、因果的關係；即使兩者之間具有因果關係，大衆媒介成長率趨於遲緩，並不一定要伴以小衆媒介的高度成長。

——也許梅瑟爾「三階段說」的概念有瑕疵，例如，他把敎育系統列爲最專門化媒介，便令人難以信服。

——也許梅瑟爾的資料處理、統計基數、研究所涵蓋的期間，與本研究不盡相同，故結果有出入。

——也許在臺灣的中國社會，還未步入工業後社會，故成長率起伏，沒有一定方向。

如果最後一項理由成立，則我們只能謂「三階段說」暫不適於中國社會，不能說它不存在。這一項觀察，至爲重要。因爲，依照若干學者（例如馬克斯主義）學者的看法，經濟系統應爲社會的「下層結構」（infra-structure），其他一切生活、典章、制度，都是建立於經濟系統之上的「上層結構」（upper-structure），換句話說，倘若社會發生變遷，其根源大抵出自經濟系統。不管這種說法是否正確，美國社會基本上是個採行自由經濟的社會體系，包括大衆傳播媒介在內的社會系統，可在自由的環境下競爭，傳播系統的發展，自成一格。其次，美國旣已

在第二次世界大戰後進入工業後社會，則各社會系統的發展應在近三十年來顯現出穩定的型態，以特殊媒介爲通道的資訊社會，似乎註定了大衆傳播媒介日益沒落，與我們的環境自有不同。

　　大體上，我們的經濟屬於計劃的自由經濟體制。由於計劃經濟，經濟發展乃是有選擇的，較難以歷史觀點追踪發展趨勢。換言之，社會變遷歸因於自然演變者有之，歸因於計劃者有之，歸因於偶發因素（例如石油危機）亦有之。譬如，如果不受計劃率制而純粹由供需關係來決定，則我國電話、廣播電臺等特殊媒介的成長率，❺應當遠高於現有統計數字。果眞如此，則我們不妨有保留地說：有關經濟與大衆媒介發展的「三階段說」，到目前爲止，在我國已顯露了蛛絲馬跡。

第四節　結論和討論

　　本文旨在探討經濟發展與大衆傳播媒介發展的關係，除回顧有關理論外，另以我國爲個案，考驗梅瑟爾的「三階段說」。此說討論到社會變遷，特別強調經濟發展導致大衆傳播媒介的發展，而在工業後社會階段，大衆媒介由於分工和專精，也預測一般性媒介將告式微，特殊媒介則蓬勃發展。雖然本文實證研究部分，不易與梅瑟爾的研究直接比較，但可得兩個暫時性的結論：

　　第一，從「交叉延時相關」（cross-lagged correlation, Campbell and Stanley, 1963; Kenny, 1975）的概念來看，歷年經濟成

---

❺　盡人皆知，臺灣電話供不應求，故現有電話機數量，顯非自然成長的結果。至於廣播的調頻頻道，自民國五十七年七月，陸續開放中國廣播公司等公營電臺以來，民營電臺爭取調頻頻道有年。政府已在七十一年三月，決定開放一個調頻廣播頻道給民營電臺。此案尚在討論中，據悉將由所有民營電臺聯合經營。

長較爲平穩，大衆傳播媒介的成長較爲起伏，故前者應爲因，後者爲果。

第二，姑不論「資訊社會」時代是否已經來臨，我國大衆傳播媒介已有功能區分的跡象，「小衆媒介」深具發展潛力，有條件地支持了「三階段說」。

傳播學者從本位立場出發，大體上認爲大衆媒介是一種引發社會變遷的「觸媒」。例如，倫納（1958）認爲，大衆媒介可以造成「移想力」和促進個人現代化。大島（Oshima，1967）認爲，傳播媒介的發展，比社會其他系統稍快一步，將有助於經濟上的選擇性成長。施蘭姆（1967）基本上雖然同意傳播媒介的發展乃是經濟發展的結果，但他早期思想，顯然相當傾向於媒介帶動其他層面的發展。這些人後來都修正了他們的觀點，已在第二章述及。

其他學者則認爲，媒介的成長，不外是都市化、工業化、經濟發展的結果。例如，美國社會學家派克（Park，1929）研究美國三、四十年代都市發展，發現都市膨脹，導致大衆媒介向外擴散，而人口密度也與報紙銷數成正比。自派克以降，主張媒介屬於社會次系統，與其他次系統並行發展的學者，更不計其數。例如，吳道（Udell，1978）分析美國報業成長趨勢，多不離社會變遷中的其他現象，因果關係甚少成爲討論的主題。早在一九六六年羅氏（Rao）的研究，已宣稱「經濟發展導致傳播增加，而傳播增加導致未來的經濟發展」。在我國，經濟發展也被視爲帶動媒介發展的原動力（賴金波，民六一）。

但我國的大媒介並沒有急速式微，小媒介也沒有急速抬頭的跡象，這是與美國甚爲不同之處，前已述及。可見，傳播媒介與社會變遷的關係，具有多種模式，只有在特定的社會、經濟結構下分別探討，才能顯現眞義。

　　近年來，我國電視尙無顯著的改變，但報紙和雜誌，已逐漸走向功能區分。經濟性報紙和專業性雜誌的茁長，以及社區報紙的出現，似乎已透露出一點消息：小衆媒介將在未來扮演更爲重要的角色。

第六章　傳播媒介的成長和分配

第一節　研究目的和資料來源

　　近年來隨著經濟發展，傳播媒介也呈現了一幅新面貌。在整個經濟及社會進步的過程中，決策者固然一再強調傳播媒介輔助經濟及社會發展的重要性，甚至明確賦予傳播媒介適當的責任，但傳播媒介是大社會系統的一部分，其角色似乎被視爲當然，因此忽略了傳播媒介這個小系統本身的成長和分配問題，使得傳播媒介應配合國家發展這個理想，缺少實質意義。 本文目的， 在回顧近年來臺灣傳播媒介的成長和分配概況， 如果能夠描繪傳播媒介這個小社會系統的面貌，或許有助於決策者認定傳播媒介在國家發展過程中的適當角色，形成較爲明確的傳播政策。

　　探討傳播媒介的發展過程和分配，途徑很多。過去五年國內至少有數十篇傳播研究，❶但多半着重在研究傳播媒介與個人意見、態度、信

---

❶　主要研究報告參見「新聞學研究」，國立政治大學新聞研究所出版。

念、行爲的關係，對決策幫助不多，因爲決策者通常把社會制度當做一種系統來考慮，他所關心的，是這種社會制度的整體而非個別現象，故決策依據，多少有賴於總體資料，才能「鳥瞰」全貌。

本文卽在試圖以總體觀點，提供我國傳播媒介發展的資料，同時運用這些資料印證幾個大衆傳播學現象，以臺灣的環境說明這些現象的適用程度；此外，檢討過去大衆傳播媒介發展的軌跡，也多少可以看出未來大衆傳播事業的發展方向。這些都是瞭解傳播媒介如何能協助國家發展須先解答的問題。這幾個問題是：

第一、我國大衆傳播媒介的現狀如何？五年來媒介在數量方面的成長型態如何？

第二、媒介的分配狀況如何？

第三、那些因素影響了媒介的成長與分配？

研究大衆傳播媒介發展，須有時間序列資料(time series data)。不巧的是，我國截至目前爲止各種資料中最缺乏的，就是有關大衆傳播媒介的資料，❷尤其絕少時間序列資料，使得傳播媒介發展，與其他社會系統頗不相稱，這也是國內傳播研究極少做總體研究的原因之一。少數相關的統計資料中，適合本研究的，當推「臺灣省家庭收支調查報告」和「臺北市家庭收支調查報告」。

我國從民國五十三年起，開始舉辦全省性家庭收支調查，五十九年起，臺灣省與臺北市分開辦理，最初係隔年辦理一次，六十年開始逐年

---

❷ 其他有關大衆傳播媒介數量的資料，多係各新聞機構或廣告公司的推計，出入頗大。例如，益利市場顧問研究公司估計民國六十七年四月，臺灣地區電視機總數爲二百八十五萬架，似有低估趨勢；到六十七年年中，王曉祥估計爲三百六十萬架 (見「廣播與電視」，第三十四期，七十三頁)；郭爲藩估計爲三百四十萬架 (見「廣播與電視」，第三十四期，八十九頁)。

辦理，以迄於今。

　利用現有統計資料做研究，固然較易窺得問題全貌，但此類研究不免有許多限制，其中牽涉到資料的信度和效度問題，更非從事「次級分析」（secondary analysis）者所能掌握，本研究也不例外。

　臺灣省和臺北市家計調查，歷年來均包含家庭設備在內。與本研究有關的幾種設備是電視機、收音機、報紙、書刊雜誌四項，但臺北市資料只有電視機和報紙，沒有收音機和書刊雜誌。由於省市兩個家計調查在方法、列表、分析、甚至定義有不同或繁簡，益增研究困難。爲了遷就現有資料，大部份數字均重新計算，臺北市的若干資料由於過於簡單或沒有資料，故難以比較。以下分析如未包括臺北市在內，即由於上述原因。

第二節　傳播媒介的成長

　多年來，我國各類傳播媒介的數量，一直缺乏客觀而正確的估計，一方面由於業者本位主義太重，爲了與同業競爭，不惜對外誇大數字，因此報紙和雜誌宣稱的銷數，往往超過實際數字；另一方面由於國內仍缺少一個權威機構，足以擔負稽核媒介數量的工作，使得工商業，特別是廣告業感到無所適從。電視機和收音機數量，各有關機構的估計，亦有出入。凡此莫不說明了瞭解傳播現狀的困難，也間接造成了今日傳播媒介在國家發展中角色不明的現象。

　茲以民國六十一年和六十六年電視機架數爲例，說明這種混亂的情形。

　由於家計調查對象，係從戶政登記中抽樣選出設有戶籍者，沒有包括未設立戶籍者、共同生活戶、公司行號等非私人所有的電視機在內，

表四 電視機數量

資　料　來　源	民國六十一年	民國六十六年
中華民國電氣同業公會(1)	1,614,098	2,817,658
交通部統計處(2)	835,279	1,309,059
世界廣播電視年鑑(8)	?	2,927,416
家計調查(4)	1,848,456	3,125,911

(1)依照電視機內銷數量，並以七年為汰舊期計算。

(2)係電視機登記數量；六十六年數字，是交通部統計處參考經濟部資料製成。

(3)係1976年（民國六十五年）資料，無民國六十一年架數。

(4)係臺灣省與臺北市合併推計。由於臺北市資料係計算電視機普及率，不是架數，故家計
調查可能低估了實際架數。

(1)(2)(3)參見李瞻「我國電視系統與政策之研究」，行政院研究發展考核委員會專題研究報
告，民國六十七年。

表五 臺灣地區傳播媒介數量

		民國六十一年	民國六十六年	增 加 率
總　　戶　　數		2,758,142	3,260,640	18.2%
電　視	架　數	1,848,456	3,125,911	69.1%
	（每戶平均）	(.67)	(.96)	(43.3%)
收音機(1)	架　數	1,045,492	266,659	—74.5%
	（每戶平均）	(.44)	(.10)	(—77.3%)
報　紙	份　數	852,768	1,640,332	92.4%
	（每戶平均）	(.31)	(.50)	(61.3%)
書刊雜誌(1)	份　數	207,699	259,026	24.7%
	（每戶平均）	(.09)	(.09)	(0.0%)

(1)「臺北市家庭收支調查報告」無收音機及書刊雜誌資料，故上表收音機和書刊雜誌的架
（份）數及每戶平均數，均限於臺灣省，未包括臺北市在內。

故全省電視機總架數，應不少於表四所列的最高數字。其次，家計調查規模大，樣本甚具代表性，其資料似較可靠。茲依據家計調查結果，推算民國六十一年和六十六年臺灣省和臺北市電視機、收音機、報紙、書刊雜誌數量。表五除了說明五年來全省傳播媒介發展狀況，還爲這四種媒介的數量，提供了較爲接近實際情形的估計。分別說明如下。

壹、電視機：一戶多機

民國六十一年底，臺灣地區估計有電視機一百八十五萬架，平均每戶零點六七架；到民國六十七年底，電視機劇增爲三百一十二萬餘架，增加率將近百分之七十，平均每戶達零點九六架，增加率爲百分之四十三。如果擁有多架電視機的人家不多，❸則臺灣地區家庭電視機普及率約爲百分之九十五左右，與美國相當，均已達飽和狀態，目前可說除山區及偏遠地區外，臺灣地區家家戶戶都有電視。

雖然家計調查可能低估實際情形，臺灣地區的電視機數量到民國六十六年底已超過三百一十萬架，似無疑問，其他現有資料均趨於保守。值得一提的是，我國電視事業萌芽於民國五十一年，不到二十年電視機普及率已達飽和，成長速度十分驚人，除了經濟和社會發展，是否還有其他原因，將在下文初步探討。

從五年間電視機成長趨勢看，未來電視機總數量，仍將繼續增加；其次，現有黑白電視機多半已達汰舊階段，隨著所得增加及生活程度提高，彩色電視機所佔的比率，將從六十六年底的百分之三十三點五逐年提高；另外，一戶多機的家庭將日漸增加，可能改變目前我們所瞭解的電視觀看行爲。

簡單地說，目前大部份家庭只有一架電視機，全家男女老幼只能集

---

❸　國立政治大學新聞系學生，六十七年四月在臺北市做抽樣調查。未發表。

體收看一個節目，個人較少選擇餘地，因此製作電視節目，以能達到闔家共賞爲目標，節目內容力求老少咸宜。將來因一戶多機而增加個人選擇節目的機會，電視臺爲抓住具有特殊興趣的不同觀衆階層，勢必日漸走向節目多樣化，另一方面仍然保持若干雅俗共賞的節目，以迎合不同觀衆之需要。可預料的是，這些屬於「特殊興趣」節目，將在電視機普及率達到飽和狀態之後數年內到來，那時候有些觀衆對通俗性節目——尤其是「肥皂劇」——可能厭倦，較有深度的觀衆希望節目有變化，此時專門性節目將應運而生，通俗性節目也將面臨求新求變的壓力。

　這樣的變革，對整個社會、大衆傳播事業、觀衆個人都會產生十分深遠的影響。茲舉一例。十幾年來，國內傳播學者、教育學者一再呼籲提高電視節目水準，各界也都確認電視應負起教育責任，政府甚至立法規定各類節目時間應佔總播出時間的百分比，但目前新聞、教育、公共服務類節目除了在時間上尙能符合規定外，這些節目的水準進步不多，倒是娛樂性節目仍佔優勢，使得水準較高的觀衆時有怨言。學者於是退而求其次，主張成立公共電視臺，以強化電視的教育功能，立意及構想不可謂不佳。衡諸現實條件，公共電視臺一直未能成立，原因固然很多，但電視的成長未能達到一戶多機階段，致觀衆對節目多樣化沒有強烈需要，可能是不宜忽略的一個因素。預料未來幾年對現有三家電視臺節目多樣化或設立公共電視臺的要求，可能日益加強，對電視事業形成一項挑戰。

　在潛在影響方面，許多研究指出，一般人看電視只是爲了娛樂，或充其量把電視視爲親身接觸的延伸，藉它獲取消息。喜歡教育性節目的人，多半是教育程度較高、欣賞水準較高的觀衆。節目多樣化或設立公共電視臺，獲益最大的，正是這批人。除非教育性節目的製作技術，能有所突破，也能吸引水準較低的觀衆，否則在一個社會裏，電視節目多

樣化加上高水準觀衆有「多重使用媒介」(multiple uses of mass media) 的習慣，可能造成「資訊富有」(information-rich) 和「資訊貧乏」(information-poor) 兩類人之間，存有知識差距。

　　再舉一例。有人認爲電視減少了家人交談的時間，使人與人的關係限於廣告挿播的短短片刻。❹電視出現後，已逐漸取代家庭，成爲兒童社會化的代理者，學者除認爲人際關係因電視出現而式微之外，還認爲父母在子女心目中的地位已大不如前，個人的生活價值觀念變得十分模糊。❺一戶多機和節目多樣化，使得收看電視節目由小團體行爲變成個人行爲，是否會加速家庭規範沒落，促成個人價值改變，可能是臺灣電視事業成長過程中必須加以注意的一個現象。

貳、收音機: 電子羔羊?

　　表五顯示，臺灣地區收音機數量，民國六十一年爲一百萬餘架，平均每戶有零點四四架；到民國六十六年，僅剩二十六萬餘架，減少了百分之七十四點五，每戶平均只有零點一架，等於每十戶才有一架。五年之間，收音機得以碩果僅存的，不到三分之一!

　　如果說，臺灣電視機的成長速度驚人，則收音機的萎縮速度，已無法理喻。民國六十三年九月的一項問卷調查（徐佳士等，民六四），曾發現百分之七十的家庭有收音機。爲甚麼出入這麼大?

　　仔細檢討「臺灣省家庭收支調查報告」的問卷，或許可以解答部分問題。調查報告說明了「收音機」數量，但訪問記錄表有關家庭設備槪

---

❹　西德總理布朗德，曾呼籲西德人每週關掉電視機一天，理由是看電視減少了家人談話的時間；另見夏鑄九，「我們不能盲目的建設」，民生報，六十八年二月二十三日。

❺　美國加州大學洛杉磯分校精神病學系密勒教授的談話。見聯合報，民國六十八年二月七日。

況，除其他設備外，列有「收錄音機」、「電唱機」、「音響」這三項，報告中並未說明如何歸類。不過從六十六年調查報告第四十五表，可看出「電唱機」、「收音機」、「錄音機」三項分別列表，「音響」一項則未列出。問題是這三項設備均可能附裝收音機。可見調查收音機數量，實有定義上的困難，可能是家計調查低估收音機數量的原因。

儘管如此，民國六十六年底臺灣全省只有二十六萬多架收音機，顯然與事實有相當大的出入。目前一架普通電晶體收音機，價格不過新臺幣一千元左右，幾與二十年前的價格相等，而一般家庭有錄音機、汽車、其他音響設備附裝收音機的，仍十分普遍，此類設備均無法從家計調查報告正確反映出來。

不過，電視興起後，廣播曾面臨若干挫折，則是事實。畢竟，電視除了聲音，還兼具影像，在功能上最能取代廣播，因此電視日趨普遍，許多收音機便逐漸被冷落。徐佳士等人（民六六）發現，臺灣地區沒有電視機的家庭，「買不起」的，佔百分之八十二，「買得起但不喜歡」的，佔百分之五；但沒有收音機的家庭，主要理由卻是「買得起但不喜歡」，佔百分之三十二點五，其次才是「買不起」、「壞掉了不想修理」，分別佔將近百分之三十。同一研究指出，看電視的民衆，每人每天平均看電視約九十六分鐘，聽廣播的民衆，每人每天只聽四十五分鐘。可見電視在臺灣不但取代了廣播，並且影響了收聽廣播的型態、收聽時間減少、收聽者限於少數人口層、收聽內容轉向專門化。

凡此現象，顯示廣播爲了應付電視節目挑戰，只有走上節目多樣化之途。不同的電臺和節目，應由分工而趨於專精，以掌握特殊的聽衆羣。事實上，電視興起後，收音機已經從客廳被迫遷移到廚房、工作間、書房、汽車上、甚至田野和海濱，收聽廣播很明顯已成爲個人行爲。廣播走向多樣化，可能是廣播求生存的唯一途徑。美國的廣播事業

曾一度因電視競爭而面臨困境，經多樣化後已告復甦。這幾年臺灣的廣播事業也有同樣的趨勢， 例如加強新聞播報、 成立專業電臺和調頻電臺、節目專門化、增加音樂節目等，無非在努力與電視分工，避免成為電視的附屬品。

總之，家計調查由於調查對象是家庭，未能適當地說明收音機數量（例如，未能包括汽車內附裝的收音機等），是調查的性質使然，並不一定表示家計調查的其他資料不可靠。其次，廣播業在掙扎階段，未來的成長，仍有一段艱苦歷程，經營與節目力求多樣化，似無可避免。

叁、報紙：少數獨大

表五報紙份數，在民國六十一年為八十五萬多份，到民國六十六年增加為一百六十四萬份，幾乎增加了一倍；就每戶平均數而言，由零點三一份，增加到零點五份（等於每兩戶訂閱一份），增加了百分之六十一點三。

上述數字是否足以反映臺灣報紙的行銷現況？首先，家計調查以戶口為對象，可能低估了實際數字，就如同前述有關電視機和收音機的情形一樣，但此一現象尤以報紙最為顯著。因為我國報界的習慣，所謂銷數，實指印刷數量，除了一般家庭訂閱外，還包括了零售、機關團體訂閱、圖書館收藏、贈閱、交換、退報等等，故發行量，應高於表五的一百六十四萬份。

不過，實際出售的報份究竟多少，甚難估計。我國沒有報紙銷數稽核機構，目前工商界及廣告界所依賴的數字，多係按各報「號稱銷數」打個折扣。在六十六年臺灣省及臺北市家計調查結束後六個月，也就是民國六十七年夏天，銷數最大的兩家報紙，均宣稱銷數超過八十萬份，此一數字顯然不可信，因為這兩家報紙的號稱銷數，等於臺灣地區家庭

訂閱份數的總和，而其他二十幾家報紙的總銷數只等於零售報、團體機關、贈送等其他報份的總和。比較客觀的估計，以家庭訂閱報的一百六十四萬份為百分之八十，其他報份佔百分之二十計算，則六十六年底報紙總發行量，約二百萬份，亦即平均每戶零點六份，或平均約每八人一份報，與新聞局公布的白報紙消費量相近（漆敬堯，民七十）。

如果這個數字大體可靠，則我國報紙近五年來在銷數上，確有可觀的成長，足以與世界上其他中度發展國家媲美，不過與先進國家兩人一份報相比，我國報紙仍有繼續發展的潛力。近年來報紙面對電視競爭，促成報界改革，一方面加強內容，一方面加強經營，改善運送系統，使用彩色印刷機等，均足以增強報紙的競爭能力。此外，報紙售價雖然提高，但與國民所得的增加並沒有完全成比例，一部分原因是報紙努力開拓廣告，其中包括廣告分版（一則廣告只出現在某些特定發行地區的地方版上），顯示報紙已經成為現代化企業的一環。

不過我國報紙近年來發展，已經顯出了「強者愈強，弱者愈弱」的自由企業型態。此處所要討論的，是這種「少數獨大」對整個報業未來成長趨勢的影響。大體上，「少數獨大」是報業自由競爭的結果。大報為了增加銷數，不得不走大眾化路線，以爭取不同階層的讀者為目標，尤重迎合中低階層，注意力集中在量的增加，而非質的改善，因此大報的內容雷同度甚高（于洪海，民六一）。小報為爭取銷數，也模倣大報的通俗格調。這種惡性循環，使得讀者沒有購買第二份報紙的必要，直接影響報業的成長速度。

報業結構面臨改變是可預期的。報業也是一種社會系統，從整個社會變遷趨勢來看，報紙的未來成長，實有賴於分工（多樣化）。專業性報紙崛起，似已指出了未來發展的方向。然而臺灣目前的經濟型態，有「經濟日報」、「工商時報」這兩家經濟性日報已足，其他報紙勢必改走

別的路線，「民生報」問世，姑不論是否符合社會需要，頗能說明報紙多樣化的觀念已在報界生根。

　　多樣化還有一層意義。報紙身爲新聞媒介的一種，自以報導新聞爲主要任務。　來自電視的競爭，　使得越來越多的人以電視爲主要消息來源，中外已有許多研究報告（The Roper Organization，1975；Bogart，1972；李瞻，民六七）。此外，　南北高速公路完成，　臺北大報已能出現在中南部讀者的早餐桌上。這兩項因素，益使中南部小報，無法與大報抗衡，如果不及早因應，「少數獨大」的局面將日益明顯。除非小報能專門化，與大報分工——例如改爲純粹區域性或地方性報紙——努力成爲家庭的第二份報紙，減少競爭壓力，否則報紙恐怕很難持續目前的成長速度。

肆、雜誌：在兩大之間

　　按表五數字，臺北市不計在內，臺灣省「書刊雜誌」消費量在民國六十一年不到二十一萬份，民國六十六年增加到二十六萬份，增加率近百分之二十五，但除去戶口數增加及平均每戶人口減少等因素，平均每戶訂閱零點零九份，相當於每十戶一份，五年來沒有增加。

　　「臺灣省家庭收支調查報告」中，未說明「書刊雜誌」的定義，也未說明這些「書刊雜誌」究竟係長期訂閱還是零購，是否包括許多免費贈送的宣傳刊物、公共關係雜誌在內。不過，既然是家計調查，自應專指家庭花錢購買的書刊雜誌，不應包括贈送品；其次，各國慣例應把「書籍」與「期刊雜誌」分別計算，而書籍中包含敎科書，一般也不計算在書籍消費量中。臺灣省家計調查既以「訪問調查爲主、記帳調查爲輔」，猜想資料分析時可能根據調查訪問資料而非記帳資料。細看訪問記錄表，第三部分關於家庭設備概況，有一欄是「書刊雜誌」份數，但

未說明長期訂閱還是零購，也未區分書籍與期刊雜誌。

記帳調查與訪問調查結果本來就難以一致，而有關大衆媒介的消費行為，雜誌一項因屬非持久性家庭設備，較有低估趨勢，尤以採用訪問調查為然。不過綜觀臺灣地區整個雜誌消費型態，就家計調查資料而言，顯然是我國家庭中甚不受重視的一項設備，不但總消費量少，平均每戶的消費量五年來也未增加。根據行政院新聞局報告，民國六十六年底，我國有雜誌約一千七百家，則平均每家雜誌居然只有一百五十份發行量進入家庭。就算加上臺北市及金馬地區，以及贈閱、公私機構（包括圖書館）收藏，把雜誌總發行量從寬估計，提高一倍，則六十六年底的情形，也不過相當於全國總發行量五十萬份，平均每五戶一份，平均每家雜誌發行三百份！

數字當然不一定能說明實際情形，但我國雜誌事業不發達，已可見一斑。雜誌為主要大衆傳播媒介中較具多樣化特質、較專門、較能因應個別需要的一種，換句話說，它最能夠專為某一類讀者的特殊需要而提供特定內容。表面上，雜誌的特殊資訊會導致「資訊差距」加大，但如果把資訊看成一種生產力，則雜誌的多樣內容有助於各階層、各行業人士分別提高其生產力，使人人得立於平等基礎上，具有同等成長的機會，故雜誌普及應有助於知識專門化。

第三節　傳播媒介的分配

以上說明了臺灣地區大衆傳播事業在五年間的成長概況。電視快速成長，幾乎已達每戶一機的飽和狀態；報紙中速成長，平均每兩戶一份，比起其他初期發展國家也不遜色；書刊雜誌無成長，收音機被冷藏，顯示了若干資訊分配問題。以下將就媒介數量，進一步分析資訊分

配現狀。

　　討論資訊分配，基本上有兩項假設。第一、資訊卽力量，大眾傳播媒介對個人的功能之一，乃在提供資訊，作爲個人營生或改變現狀的依恃；第二、就整個社會而言，傳播媒介在數量方面的成長，不應偏廢分配的均衡，這是制定傳播政策時通常被忽略的一個問題。以下分析，資料亦根據臺灣省和臺北市家庭收支報告。

　　臺北市家計調查無收音機和書刊雜誌資料，故表六僅比較省市之間電視和報紙之成長和差距。就電視看，民國六十一年臺灣省平均每戶有零點六三架， 臺北市爲零點八七架， 相差零點二四架；到民國六十六年， 臺灣省平均爲零點九五架， 臺北市則爲零點九八架， 省市幾無差別。電視機由於成長迅速，故短短五年間除臺灣省少數偏遠家庭之外，每戶差不多有　架電視機，顯示了我國家庭生活富裕，除溫飽外，尙有餘力參與大眾傳播活動，再加上國民所得增加，整個社會的經濟發展，帶動電視事業進步。

表六　電視和報紙平均每戶架（份）數

	電	視		報	紙	
	臺省	北市(1)	差距	臺省	北市(1)	差距
61　年	.63	.87	.24	.26	.61	.35
66　年	.95	.98	.03	.46	.74	.28

(1)臺北市數字是以戶爲單位，按媒介普及率估計而得，少數人家可能有兩架電視機或兩份報紙，故臺北市數字有低估趨勢。國立政治大學新聞系學生，六十七年五月在臺北市的抽樣調查，發現二百二十一戶家庭中，電視機普及率爲99.5%，也就是只有一戶沒有電視機。 另四戶有兩架電視機， 一戶有三架電視機， 故每戶平均電視機架數爲一架多一點，與表六數字極為接近；但臺北市訂報兩份以上的家庭，則佔 23.6%，平均每戶爲1.08份，與表六的0.74份相差甚多。故臺北市家計調查可能低估了平均每戶報紙份數。

　　從以上資料，可知全國有三百餘萬架電視機，每架平均以新臺幣一萬元計，國民投資在電視事業超過三百億元，而成立一家電視臺所需費用不過數億元，殊難謂電視事業的成長，乃電視業者獨立經營的成果，這是電視與報紙極為不同之處。如果這種論點合理，則國民對電視節目內容，應有大於今日的發言權，政府的電視政策，亦應格外重視國民意願。前文說過，電視節目內容日漸通俗化可能減低教育功能，致使若干具有特殊需要的觀衆無法經由電視獲得合宜的資訊。此種現象，只有在電視普及，眞正成為一種「社會公器」時才可能消除。

　　表六顯示，民國六十一年臺灣省平均每戶有報紙零點二六份，臺北市有零點六一份，相差零點三五份；民國六十六年臺灣省為零點四六份，臺北市為零點七四份，相差零點二八份，差距減低，但十分有限。如果考慮到其他兩件事，則省市差距可能沒有縮小。第一、省市家計調查方式不同，表六實際上在臺灣省是指「平均每戶份數」，在臺北市指「普及率」，故有低估臺北市平均每戶份數的可能，詳見表六註解；第二，臺北市報紙家庭「一戶多報」，似多於臺灣省家庭。

　　電視長於滿足娛樂需求，報紙則以提供消息和知識為主，如僅就報紙分配而言，省市之間實際存在的差距，可能大過數字所能顯示的意義，這是本文無法提出證據，卻是不容忽略的一個推論。

　　以臺北市代表高度都市化地區，臺灣省代表低度都市化地區，可能無法瞭解資訊分配全貌。茲另以縣市為分析單位，進一步分析資訊分配型態。

　　由於臺北市家計調查僅就家庭設備概括敍述，無法進一步分析比較，故以下分析，係根據臺灣省資料中的電視和報紙。表七說明民國六十一年時，電視機集中在臺北縣和四個省轄市等都市化程度較高地區，其中以高雄市每戶平均零點九一架最高，臺東縣的零點四架最低，相去

達一倍餘。到民國六十六年情形大爲改觀，大多數縣市均達到或幾乎達到飽和狀態，電視機平均每戶架數最低的澎湖縣，也達零點七六架。就數量看，電視機的分佈，各縣市已無差距存在。

　　報紙方面，五年來數量雖逐漸增加，但各縣市仍存有相當大的差距。民國六十一年，每戶平均份數最高的臺中市，比最低的屏東縣，爲五與一之比，都市化程度較高的臺北縣和四省轄市，均高出其他各縣甚多。這種現象到民國六十六年稍見緩和，但差距仍可以從表七看出來（

表七　臺灣省各縣市報紙和電視平均每戶架（份）數

	電	視		報	紙	
	61年	66年	增加	61年	66年	增加
臺北縣	.79	1.03	.24	.41	.77	.36
宜蘭縣	.48	.90	.42	.21	.29	.09
桃園縣	.74	.98	.24	.26	.50	.24
新竹縣	.65	.99	.34	.23	.45	.22
苗栗縣	.61	.88	.27	.27	.33	.06
臺中縣	.69	.98	.29	.20	.36	.16
彰化縣	.56	.99	.43	.17	.38	.21
南投縣	.50	.93	.43	.24	.34	.10
雲林縣	.47	.84	.37	.14	.22	.08
嘉義縣	.53	.93	.40	.14	.26	.12
臺南縣	.56	.91	.35	.20	.32	.12
高雄縣	.55	.94	.39	.13	.33	.20
屏東縣	.58	.88	.30	.12	.43	.31
臺東縣	.40	.84	.44	.21	.39	.18
花蓮縣	.59	.87	.28	.26	.41	.15
澎湖縣	.42	.76	.34	.16	.32	.16
基隆市	.78	1.01	.23	.41	.58	.17
臺中市	.87	1.01	.14	.59	.70	.11
臺南市	.84	.98	.14	.41	.67	.26
高雄市	.91	1.00	.09	.44	.55	.11

例如，臺北縣、臺中市、臺南市平均每戶份數，均爲雲林縣的三倍），
且成長幅度較小的縣市，均爲都市化程度較低的地區。

以上說明媒介的成長與分配，與都市化程度有關。都市化程度既與
職業活動有關，則可推論媒介的成長和分配應與職業活動有關。

表八按農家和非農家分，顯示非農家每戶平均電視機架數，民國六
十一年爲零點七五架，民國六十六年增爲幾近一架；農家則由零點三七
架，增爲零點八五架。兩相比較，差距由零點三八架降爲零點一三架，
這固然說明了農家與非農家之間的每戶平均架數相去不大，還說明了差
距縮小可能是電視機分佈瀕臨飽和點的結果，與謀生方式未必有必然關
係。

非農家平均每戶報紙份數，在民國六十一年爲零點三三分，比農家
的零點一一份，多了零點二二份，此一差距五年後增至零點三四份，顯
示謀生方式與報紙消費數量確有關係，而電視機若非已達飽和，亦應呈
現類似差距。表九資料，再度支持了這種論點。專門技術、管理和佐理
人員的家庭電視機，民國六十一年即幾達每戶一機的飽和點，平均數遠
高於農、林、漁、牧及其相關工作者，差距不可謂不大，但到民國六十六
年，差距甚微，顯然是前者在五年前即呈飽和狀態的結果；相反的，這
兩類人的報紙消費差距，固然在民國六十一年時即已存在，此差距五年
後益形擴大，顯示職業是決定媒介消費的一個重要因素。

表八　電視和報紙平均每戶架（份）：按農家、非農家分

		電		視	報		紙
		非農家	農家	差距	非農家	農家	差距
61	年	.75	.37	.38	.33	.11	.22
66	年	.98	.85	.13	.55	.21	.34

表九　電視和報紙平均每戶架（份）數：按職業分

	電	視		報	紙	
	61年	66年	增加	61年	66年	增加
專　門、技　術	.94	1.04	.10	.62	.84	.22
管　理　人　員	1.05	1.11	.06	.81	.96	.15
佐　理　人　員	.97	1.04	.07	.43	.74	.31
買　　　　賣	.77	.99	.22	.42	.63	.21
服　　　　務	.60	.94	.34	.21	.43	.22
農　林　漁　牧	.37	.85	.48	.11	.21	.10
農　事　畜　牧	.38	.85	.47	.12	.21	.09
林　漁　工　作	.39	.87	.48	.04	.16	.12
生　產　運　輸	.62	.95	.33	.14	.35	.21
生　產　作　業	.64	.96	.32	.15	.34	.19
運　輸　操　作	.79	.98	.19	.21	.44	.23
體　力　工　作	.52	.88	.36	.08	.21	.13
軍事、無法分類	.79	.92	.13	.14	.44	.30
無　　職　　業	.50	.71	.21	.18	.30	.12

第四節　影響媒介成長和分配的因素

　　由於職業與所得高低有關，再依所得高低分析，發現結果與前節所述相同——所得愈高，家庭設備愈多，其中報紙一項，高所得者與低所得者的平均擁有數量，隨時間而加大差距，但電視則無此趨勢。

　　為了瞭解所得是否影響媒介的成長和分配，需控制時間和職業這兩個因素。時間影響媒介成長，這一點是很明顯的。除收音機目前在我國家庭生活中的地位十分曖昧外，電視、報紙和書刊雜誌，都應隨時間而成長。孤立時間因素的影響，其辦法是從民國六十一年和民國六十六年的資料擇一分析，則時間因素卽可排除。下表採用民國六十一年的資

料，主要理由是當時電視機尚未飽和，故較能看出所得如何影響媒介的成長和分配。 此處以臺灣省家計調查報告 「所得大小與家庭設備」 一表，作爲分析依據。至於孤立職業因素，爲方便起見，仍按農家和非農家分別列表，如果職業不影響電視和報紙的數量，則同一所得水準的農家和非農家，每戶平均電視機和報紙數量應該相等才是。

　　表十顯示，除最高所得和最低所得樣本數太小而有出入外，所得多寡與媒介數量的關係是相當穩定的。不論是電視還是報紙，數量上均隨所得的增加而遞增，可見所得是影響媒介數量的一個因素。其次，媒介數量隨所得而增加的趨勢，固然同時見於非農家和農家，但同一所得水準的家庭， 除少許出入外， 非農家的電視和報紙平均數量， 均高於農家。可見除所得外，是否爲農家，也是影響媒介數量的一個因素。由於是否爲農家，與其說是職業上的不同， 毋寧說是生活型態的不同，可惜家計調查報告沒有直接證據說明生活型態是否比職業更能解釋媒介數量的變異。

　　不過表十多少透露了一點消息。以差距言，比較非農家與農家，發現所得增加時， 電視數量並非呈直線增加。 在全家年所得到達五萬元時，兩者的差距最大，此後卻因所得增加而略爲縮小差距，可見電視機數量到達某一水準後，不再受所得影響，一旦超過這個水準，是否爲農家，已不能解釋是否擁有電視機。

　　這種生活型態影響大於所得影響的現象， 也可以從報紙數量 看 出來。前文曾討論報紙數量不因所得提高而迅速達到飽和點；其次，報紙隨成長而加大差距，經控制職業因素後仍然沒有改變。此種現象亦見於表十高所得者當中，農民與非農民的平均報紙份數仍有巨大差距，可爲佐證。由於是否爲農民，已不是職業問題而是生活型態問題，從有限的資料，似可看出生活型態影響媒介數量，實大於所得因素。比較這兩種

表十　所得多寡與媒介數量：控制職業因素

	電	視		報	紙	
	非農家	農家	差距	非農家	農家	差距
10,000元以下	.00	.00	.00	.00	.00	.00
10,000— 15,000	.00	.07	—.07	.00	.00	.00
15,000— 20,000	.08	.13	—.05	.00	.02	—.02
20,000— 25,000	.23	.15	.08	.05	.03	.02
25,000— 30,000	.35	.19	.16	.05	.05	.00
30,000— 35,000	.49	.27	.22	.05	.05	.00
35,000— 40,000	.60	.28	.32	.11	.06	.05
40,000— 45,000	.68	.39	.29	.17	.08	.09
45,000— 50,000	.77	.36	.41	.21	.11	.10
50,000— 55,000	.83	.38	.45	.27	.06	.21
55,000— 60,000	.84	.48	.36	.26	.22	.05
60,000— 65,000	.89	.50	.39	.43	.15	.28
65,000— 70,000	.87	.51	.36	.42	.23	.19
70,000— 75,000	.91	.63	.28	.55	.22	.33
75,000— 80,000	.96	.72	.24	.55	.20	.35
80,000— 85,000	.87	.79	.08	.53	.16	.37
85,000— 90,000	.93	.69	.24	.67	.26	.41
90,000— 95,000	.98	.67	.31	.70	.14	.56
95,000—100,000	.97	1.00	—.03	.70	.79	—.09
100,000—150,000	.97	.89	.08	.82	.42	.40
150,000—200,000	1.20	.88	.40	.83	.50	.43
200,000—300,000	1.00	1.00	.00	.81	.31	.50
300,000元以上	1.00	1.00	.00	.00	1.00	—1.00

主要傳播媒介，　則電視與所得呈曲線相關，　而報紙與所得呈直線相關
——至少，這是現階段的情形。

　　本研究無法支持生活型態對媒介數量有重大決定力的論點，但有資
料斷定所得是否影響媒介數量，那就是「交叉延時相關」(cross-lagged
correlation)。

　　「交叉延時相關」是社會科學尋求兩組資料因果關係的方法之一，它不是很嚴密的統計方法。這種方法是求取兩組變數的相關程度，假如甲變數在前段時間的值，與乙變數在後段時間值之相關係數，高於乙變數前段時間與甲變數後段時間之相關係數，則甲變數爲因，乙變數爲果。以本研究爲例，假如民國六十一年所得與民國六十六年電視機數量的相關係數，高於民國六十一年電視機數量與民國六十六年所得的相關係數，則高相關係數中出現較早的變數——即六十一年所得——有較大的影響力，是因果關係中的「因」。

　　茲以臺灣省二十個縣市，就這兩段時間的所得和媒介數量，分別由多到寡排列以交叉延時的方法，求得「順位相關」(rank-order corre-lation)，結果如下：

表十一　　所得與媒介數量的關聯

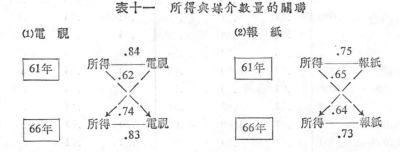

　　表十一的箭頭表示理論上的因果關係方向。無論是六十一年還是六十六年，所得水準與電視機數量都有很高的相關，值得進一步探討因果關係。細看六十一年所得與六十六年電視的相關係數爲零點六二，六十六年所得與六十一年電視的相關係數爲零點七四，兩係數既甚爲接近，故難謂所得爲決定電視成長的因素。報紙的情形亦復如此。

　　表十一的「交叉順序」分析，說明了兩點：第一、它支持了前文家庭平均所得可能不是決定媒介成長的一個重要因素；第二、它爲傳播媒

介在國家發展中的角色，以臺灣的例子，驗證了學者間爭執已久的一個問題。簡單地說，這個問題就是：究竟係傳播媒介領導國家發展（例如經濟、教育方面），還是國家發展領導傳播媒介向前邁進？從本研究有限的資料顯示，這兩者可能具有相互促進的交互作用，關係十分複雜，遠非單一的因果順序所能解釋。

第五節　社會變遷與媒介的結構變遷

　　本章旨在探討民國六十一年至民國六十六年底臺灣地區主要大衆傳播媒介的成長和分配狀態，並試圖以我國經濟發展和媒介成長的關係，討論若干傳播學上的現象。資料來源是「臺灣省家庭收支調查報告」和「臺北市家庭收支調查報告」。由於次級分析甚受資料本身的限制，所謂成長與分配，此處僅限於媒介數量而已。各項推計均曾考慮原始報告的研究方法和定義，這是次級分析普遍遭遇的問題。不過，基於我國主要媒介的數量，迄無較可靠的統計，家計調查中有關大衆傳播媒介部份，仍不失爲有價值的資料來源。

　　上文分析顯示，我國電視機近五年來數量大增，到六十六年底已超過三百一十萬架，平均幾達每戶一架，普及率已近飽和；分配方面，無論就地域、職業或所得看，均十分均衡。不過，數量上分配平均，並不表示沒有「知識」差距存在。由於電子媒介本質上長於表現娛樂功能，就國家發展而言，電視節目能否發揮教育功能，則不是數量成長和分配均衡所能說明的。本研究無資料足以支持此一論點，但曾以我國的媒介環境和社會環境，論及未來電視政策的關鍵在於節目品質問題。

　　相形之下，報紙銷數在五年間增加了一倍，六十六年底達到一百六十幾萬份。由於家計調查受到方法上的限制，可能低估實際數字，估計

應爲二百餘萬份較爲合理。不過，報紙的成長速度雖較電視緩慢，其分配卻深受地域、職業或所得的影響，而顯出了較大的分配失衡現象。報紙爲主要資訊來源，分配不均加上報業競爭造成內容雷同，可能是未來傳播政策所面臨的一項挑戰。

資料顯示，所得水準並不是決定我國媒介成長的因素，媒介成長不因所得提高而加速，說明了我國經濟發展與媒介發展，其間沒有因果關係，而可能較適用「交互作用」理論。值得注意的是：媒介成長與所得無關，媒介分配卻深受所得及其他相關因素的影響，致所得較高、都市化程度較高、非農民、從事專門職業的人，擁有較多印刷媒介，或許說明了教育程度乃是影響資訊分配的因素。長期社會變遷與媒介的分配結構有甚麼關係，是未來有待繼續研究的一個問題。

媒介數量不致影響資訊分配，媒介的分配則不然，故當前傳播媒介的問題，不在數量多寡，而在分配是否均衡。解決之道，可能在於調整媒介結構，亦即在內容方面力求多樣化和專門化，以滿足不同階層閱聽人的要求。廣播與雜誌本質上較適宜提供多樣而專門的資訊，可惜這兩種媒介近年來或萎縮，或停滯，值得加以正視。電視機遠較報紙昂貴，低所得者卻寧可買電視而不願訂報紙，除教育因素外，或許我國民眾生活型態特殊，致使電視的角色顯得格外突出，可能也是原因之一。

第七章　接觸傳播媒介在休閒活動中的角色

第一節　研究目的和資料來源

本章探討休閒活動中接觸大衆傳播媒介行爲所扮演的角色。大衆傳播活動普遍成爲國人休閒活動的一部份，還是近二、三十年的事，而其他休閒活動，則已有長久的歷史。就社會變遷而言，休閒生活中從事接觸大衆傳播媒介，乃是工業化帶來的遽變。原有的各種古老休閒活動，固然保存了下來，人們依然或多或少參與這些活動，但大衆傳播媒介介入現代生活，除了改變人們的休閒生活型態外，對古老的休閒活動，究竟造成了什麼影響？

本書沒有時間序列資料足以說明種種可能的影響，但接觸大衆傳播媒介已成爲現代休閒生活中不可或缺的一環，則爲不爭的事實。在此時此地的中國社會裏，接觸大衆傳播媒介在整個休閒生活中所佔去的份量和所扮演的角色，是瞭解國民生活型態所需探討的一個現象。其相關問題包括：大衆傳播媒介的發展，是否逐漸侵入休閒生活中，變成主要的

休閒活動之一？接觸傳播媒介是否使人們趨於被動，逐漸放棄了其他活動？

顯然，這樣的討論需在整個社會變遷的情境下進行。隨著工作機械化，有人預料工作時間可能日漸縮短，休閒活動相對增加；有人預料工作機械化導致生活急促，工作緊張，使休閒活動成為調劑身心的不可或缺的潤滑劑。無論係那一種觀點，均把休閒活動的數量，視為個人自由時間的函數(暫把必需時間當做常數)。相關問題包括：扣掉必需時間，個人休閒活動中的接觸大衆傳播行為，是否因自由時間的變異而有不同？生活方式是否影響接觸媒介的數量和型態？

質言之，本章的目的是：

第一、探討接觸大衆傳播媒介在休閒生活中的角色，其方法是比較接觸傳播媒介的比率與從事非媒介活動的比率。

第二、分析那些因素影響接觸媒介的數量和類型，其方法是以經建會原報告中的各種變項，來解釋接觸不同傳播媒介之型態和人口比率。

第三、瞭解自由時間多寡是否影響大衆傳播行為，其方法是計算自由時間多寡與接觸傳播媒介比率之相關。

行政院經濟建設委員會的「臺灣地區國民生活結構調查」，於民國六十六年七月十五日開始，訪問費時半個月。這項調查大體採用地區分層比例隨機抽樣法，以家庭為抽樣單位，實際訪問了二千零五十三戶。主要研究內容分為家庭結構、生活時間結構、休閒活動及生活費用結構四部份。訪問對象是樣本家庭中的就業人口。

其中生活時間結構係指「時間預算」(time-budgeting) 而言，也就是瞭解一般人一天二十四小時如何分配使用的問題。農業社會中對時間預算僅有模糊的概念，大抵不出「日出而作，日入而息」，再加上「春耕、夏耘、秋收、多藏」等節序，沒有必要進行較為精密的

時間預算。社會進入工業化階段，作息需密切配合時間預算，使得人人具有時間觀念，學者們開始注意研究有關生活時間結構的問題，做為各種社會計畫的參考。工業化導致分工，連帶影響了工作時間和工作性質，而工作以外的休閒活動，已由單純的玩樂變成與工作本身相輔相成的一種活動，故如何安排國民休閒活動，是現代社會計畫的一部分工作。

　　研究時間預算，通常把時間分為約束時間、必需時間和自由時間三大類。對就業者而言，約束時間是指個人無法自由支配的工作時間和工作往返所需時間。在經建會的問卷中，獲得此類資料的方法，是詢問受訪人本人及家中其他就業人口「幾時幾分開始工作或上班」、「幾時幾分停止工作或下班」、「往返工作場地所需時間」。必需時間是指睡眠、飲食、盥洗、如廁、處理身邊瑣事等時間，由受訪人口頭報告本人及家中其他就業人口的午睡、晚寢、早餐、午餐、晚餐和「盥洗如廁處理身邊事務時間」。自由時間是指扣除約束時間和必需時間所剩的時間，可以自由自在做自己喜歡做的事，完全可以由自己掌握、運用的時間，問卷中測量方式，是詢問受訪人家中每個就業人口「早晨起牀後到上班前的自由時間」、「中午休息時間」、「下班後睡覺前有多少自由時間」。

　　至於休閒活動，生活結構調查問卷中，詢問主要家計負責人及另一與家計負責人不同性別的就業人口，在上班前、中午、下班後、週末或輪休、兩天到一星期之間的假期、一星期以上假期「大多做些什麼活動」，在上述六種情況下，分別選出最重要的兩項活動。如一戶中無不同性別之就業人口，則僅訪問家計負責人。

　　在此項調查中，休閒活動歸納成下述幾類：看電視或收聽廣播、閱讀書報雜誌、聽音樂、看電影、逛街購物、拜訪親友、郊遊旅行、運動、心性修養活動、公益活動、午睡、打麻將及其他。「其他」一類包

括了整理家務、照顧小孩、休息、 加班、 無（無所事事?）等項。休閒
活動是應變項，它的自變項是地理區、家庭類型、每月收入和支出相比
情形、每月收入、自由時間多寡、性別、年齡、教育程度、職業類別和
從業身份。

　　整體而言，經建會這項生活結構調查做得相當嚴謹，樣本頗具代表
性，資料的分析與解釋也甚合理。不過有關時間預算的研究，口頭報告
的資料恐不如日記法可信，這一點，原報告亦曾提及；另外，有關休閒
活動的分類過於籠統，實是一大缺憾。例如，看電視或收聽廣播合為一
類，閱讀書報雜誌合為一類，均有礙於瞭解社會事實，而「其他」一項
在資料分析中所佔的比率太大， 使得分類比較失去意義， 尤其值得注
意。在休閒活動方面，僅詢問受訪人在某段時間內「主要從事何種活動」，
而非記載各項活動的時間長短， 嚴格說， 已非屬於 「時間預算」 的研
究。以上各點，經建會的研究報告中亦不諱言。未來類似的研究，似可
參考有關時間預算的其他專著。●

　　儘管如此，「臺灣地區國民生活結構調查分析報告」 仍不失為國內
此類研究最具規模者，報告中的許多資料，在決策和學術方面，均有參
考價值，故利用此項報告的資料，以不同的觀點，重新分析。

第二節　傳播媒介的替代功能

　　表十二說明不同自由時間內受訪人的休閒活動。上班或工作前，從
事「其他」活動的，佔百分之六十六點九，顯示大多數就業人口早晨自
由時間內並未從事休閒活動，而是在整理家務、照顧小孩、準備工作，

　●　有關「時間預算」專著及書目，見 Robinson, 1977; Katz & Gurevi-
tch, 1976; Kline, 1971.

只有百分之三十三的人，眞正以休閒活動爲上班前的主要活動，其中以閱讀書報雜誌的人數最多，佔百分之十七點二，次爲運動，佔百分之十二點三。

　　中午自由時間的活動，以午睡和「其他」兩項的百分比最高，次爲看電視和聽廣播、閱讀書報雜誌。

　　下班後除「其他」外，大多數人均以看電視和聽廣播、閱讀書報雜誌爲主要休閒活動，合計佔了樣本人數一半左右。非大衆媒介活動中，則以拜訪親友和運動兩項的人數較多。

　　遇到週末或輪休，仍有百分之四十八的人，並未以眞正的休閒活動來安排自由時間，不過週末、輪休和二至七天假期中，以郊遊旅行爲主要活動的人數，有增加的趨勢。

　　同表可以看出，眞正的休閒活動，隨整理家務、照顧小孩等「其他」活動的增加而減少。從某種角度看，整理家務和照顧小孩之類，實際上是「必需的工作」而非休閒活動，只有做完這些工作，才能有眞正休閒。上班前許多人得安排家務，固不待言，而週末輪休和較長的假期，一般人也有很多定期工作有待料理，像打掃、洗衣服、買菜，平日工作忙碌，沒有較長的時間來處理，只有利用週末假日。因此，週末假期的自由時間雖然較長，眞正的休閒活動，反而被定期雜務佔去了，相形之下，休閒已不是主要活動，這就是七天以上假期中，以「其他」爲主要活動的人，反而高達百分之九十的原因。

　　不過，受「其他」影響較大的，是大衆傳播活動而不是非大衆傳播活動。根據原報告定義，這三類均屬休閒範圍。準備工作、照顧小孩、整理家務等「其他」活動，既已形同必需時間，則滿足休閒需求，只有大衆傳播活動和非大衆傳播活動兩類。把表十二的休閒活動資料分爲大衆媒介活動、非大衆媒介和「其他」三類，可看出非大衆傳播活動在各

表十二　不同自由時間內的休閒活動(1)

休閒活動＼時間	上班前	中午	下班後	週末輪休	二至七天假期	七天以上假期
電 視 廣 播	1.0	20.3	37.3	9.2	3.1	0.5
書 報 雜 誌	15.4	13.8	11.2	3.1	1.3	0.5
聽 音 樂	0.7	0.0	1.6	0.5	0.2	0.1
看 電 影	0.1	—	1.2	6.3	1.3	0.2
大衆媒介活動合計	17.2	34.1	51.3	19.1	5.9	1.3
逛 街 購 物	0.1	0.1	1.8	4.6	1.8	0.1
拜 訪 親 友	0.5	2.3	6.7	6.9	9.3	3.2
郊 遊 旅 行	0.1	0.0	0.1	13.1	12.4	5.0
運 動	12.3	0.2	4.3	4.7	1.4	0.2
心 性 修 養	2.7	0.2	2.5	3.1	1.0	0.4
公 益 活 動	0.4	—	0.1	0.2	0.1	0.1
午 睡	—	31.7	—	—	—	—
打 麻 將	0.0	0.0	0.1	0.1	0.2	0.1
非大衆媒介活動合計	15.9	34.5	15.2	32.6	26.2	9.2
其 他(2)	66.9	31.5	33.5	48.3	67.9	89.5
總 計	100.0	100.0	100.0	100.0	100.0	100.0
N＝	(3657)	(4928)	(4875)	(4074)	(3436)	(2992)

(1)休閒活動指在某段自由時間內「最主要的兩項活動」。

(2)「其他」包括整理家務、照顧小孩、休息、加班、無活動。

類自由時間下，均較穩定，似爲滿足休閒生活的主要而必需的內容，姑稱之爲休閒生活的「功能性必需品」(functional necessity)，爲一般人所優先選擇，只有在尋求必需品的條件不足時，才轉而以接觸大衆傳播媒介來補充休閒生活，故接觸大衆傳播媒介可能是次要而非基本的選擇，可視爲是前者的「功能性替代品」(functional alternative, Himmelweit et al., 1958; Weiss, 1970; Bogart, 1972; Robinson,

1972, 1977; Rosengren and Windahl, 1972; Cazencuve, 1974)，用來替代別種休閒活動。它滿足休閒的功能，最多不過與「功能性必需品」相當，所以又可稱爲「功能性相等品」(functional equivalent)。

　　大衆傳播媒介是別種休閒活動的替代品這一觀點，頗與傳播媒介的歷史發展趨勢吻合。無論是報紙、廣播、電視、雜誌、書籍，都不是原始社會的休閒媒介，它們只是豐裕了原有休閒生活，擴展了可供選擇的對象，對原有活動影響，並不十分單純。例如柯芬(Coffin, 1955)研究二千五百名印第安那固定樣本，發現民衆有了電視以後，閱讀報紙、雜誌和收聽廣播的時間，都較沒有電視以前爲短，此外，電視還佔去了過去從事非大衆媒介的活動，究竟是那些休閒活動受到電視影響呢？貝爾森(Belson, 1967)在英國的研究，顯示較爲減少的活動是觀劇、欣賞舞蹈、遊覽古蹟等項，玩牌和唱片欣賞只略爲減少，至於園藝和參加集會則無改變，參觀畫廊和觀賞運動競賽則反而增加。甘寧漢(Cunningham and Walsh, 1958) 的「電視城」(Vidcotown) 研究，歷時十年，發現電視逐漸普及時，鎮上的訪問和娛樂活動顯著減少，但五年後此類戶外活動有相當程度的回升。其他活動在十年之間無顯著變動。

　　上述分析說明了幾點。第一、看電視減少了接觸其他大衆傳播媒介的機會，其中閱讀書報雜誌受影響較小，收聽廣播受影響較大，但包括觀看電視節目在內，接觸傳播媒介的總時間有顯著增加；第二、接觸媒介的時間增加，究竟剝奪了那些其他的休閒活動，殊難概括；第三，無論是媒介活動還是非媒介活動，電視的長期影響尚無有力的實證資料足以論定。不過，比較明顯的一點是：媒介和非媒介確有相互成爲「功能性相等品」的情形，可能在某時某地變爲相互替代的消閒方式。

　　此一論點與晚近傳播研究中有關「使用與滿足」的發現頗爲接近。學者發現：民衆使用不同媒介的不同內容，並不單純只滿足一種心理需

求，而同一需求也可透過其他媒介的他種內容得到滿足。這些媒介和內容彼此能夠互相取代，何者獲得青睞，需視其「易得性」(availability) 和「最低勞力原則」(the least effort) 而定。

同樣的，在休閒生活中，媒介活動和非媒介活動也有類似的相互取代和相互競爭的現象存在，這誠然是對大衆傳播事業的一項挑戰。媒介在休閒生活中預備扮演何種角色，需視媒介如何反應而定。以下將就這兩者之間相互取代和競爭的現象，進一步闡釋「替代功能」概念。

第三節　替代功能的差異分析

本節的分析，僅以「看電視或聽廣播」、「閱讀書報雜誌」、「看電影」、「聽音樂」四項合併計算，分別就地理區、家庭類型、收入與支出相比、收入多寡、性別、年齡、教育程度、職業、從業身份九個變數，進一步探討大衆傳播活動在休閒活動中的角色。在提出資料之前，有關資料的整理和限制，需根據本文研究目的，先予陳述。

第一、本文旨在探討理論而非描述事實。基於此項考慮，大衆傳播活動係何種性質，不予細分。事實上，經建會研究報告原文，也把看電視和聽廣播合併爲一項，又把書、報、雜誌的閱讀混爲一談，已無法細分。

第二、「聽音樂」原報告中包括「聽歌」在內，而「聽歌」嚴格說並非大衆傳播活動的內涵之一。不過鑑於「聽音樂」中泰半是聽唱片或錄音帶，仍屬大衆傳播範圍，且上歌廳的活動並不十分普遍，不足以左右大衆傳播活動的結果，故予計入。

第三、原報告所列的各項活動，是指在某段時間內的「兩項主要活動」，故樣本數因不同自由時間而有變動，這是閱讀本文必須注意的。

由於原調查的樣本數頗大，除另有說明外，分類比較時的樣本數，均予省略。

第四、討論接觸大眾傳播媒介在休閒活動中的角色，自應在整個休閒活動的情境下進行，不宜孤立「其他」活動及非大眾傳播活動。不過由於各種非大眾傳播活動在原報告中已有說明，此處除非必要，不再重複；而「其他」活動在原報告中比例極高，究爲何種「其他」活動，已無可追尋，故決定在描述性說明時撇開不談。這樣的決定，完全是爲了遷就原始報告的資料，不可不察。

首先依臺北、臺中、雲嘉、高雄四個地理區，比較就業人口不同自由時間內大眾傳播活動佔休閒活動的百分比，結果見表十三。

表十三　地理區與大眾傳播活動

地理區＼時間	上班前	中午	下班後	週末輪休	二至七天假期	七天以上假期
臺北	24.2	37.1	52.9	20.7	6.0	1.6
臺中	7.8	34.9	47.3	17.9	6.2	1.4
雲嘉	7.0	42.0	47.2	10.4	4.8	0.9
高雄	8.7	22.4	52.2	18.2	6.0	0.9

僅以接觸大眾傳播爲主要休閒活動項目而言，上班前以臺北地區的百分比最高，佔百分之二十四點二。根據經建會原報告，上班前這些活動，幾乎全屬閱讀書報雜誌，與其他三個地區以運動爲主要活動相比，除顯示臺北地區缺乏運動場地外，可能係臺北地區的社會結構傾向工業化，須在出門上班之前閱讀報紙來安排一天的生活所致。臺北地區就業

人口表現的工業社會生活方式，不僅見於較多的人依賴大衆傳播媒介，也見於較少的人須在上班或工作前先作準備（例如，漁民出海須先準備漁具，農人下田前準備農具），這是臺北與其他地區甚爲不同之處。

臺北就業人口接觸報紙之類的印刷媒介，仍是中午的主要休閒活動。不過接觸各類傳播媒介的比率總和，以雲嘉地區最高，佔百分之四十二，高雄地區最低，佔百分之二十二點四。雲嘉地區以農業生產爲主要產業，居民中午有較長的自由時間，故看電視的人數比率，高於其他各區；相反的，高雄地區有不少工人和漁民，中午的自由時間較短，不論看電視還是接觸其他大衆傳播媒介，比率均較低。

下班或工作後的自由時間，以接觸大衆媒介爲主要休閒活動，以臺北和高雄兩個地區比率較高，均達百分之五十二以上。但細察經建會原報告，四個地區看電視的人數比率，均在百分之三十七左右，臺北和高雄接觸媒介比率的總和較高，原因是閱讀書報雜誌一項的人數較多。至於週末或輪休、二至七天假期、七天以上假期期間，以大衆傳播爲主要活動的就業人口比率，均隨自由時間的增長而減少，假期愈長，自由時間愈多，媒介接觸的重要性就相對降低，無論是看電視或聽廣播、閱讀書報雜誌、聽音樂還是看電影，都脫離不了這種型態，各地理區之間，均無甚差別。唯一的例外，是週末或輪休看電影的比率較其他各類自由時間高，其中尤以臺北地區最爲顯著。

表十四顯示，性別影響接觸大衆傳播媒介。男性就業人口在上班前不需料理家務和照顧小孩，故以接觸媒介爲主要休閒活動的比率較高。中午和下班後的自由時間內，男性與女性幾乎有同樣多的人或看電視和聽廣播，或閱讀書報雜誌。週末或輪休的休閒活動型態剛好相反，男性反而有較多的人從事「其他活動」，故接觸媒介的人數較女性少。兩天以上假期，其他活動的重要性相對增加，無論男女，以接觸媒介爲主要休

表十四 性別與大眾傳播活動

時間 性別	上班前	中午	下班後	週末輪休	二至七天假期	七天以上假期
男性	18.1	34.9	51.8	17.6	5.5	1.3
女性	13.7	31.8	50.9	23.9	7.3	1.3

表十五 年齡與大眾傳播活動

時間 年齡	上班前	中午	下班後	週末輪休	二至七天假期	七天以上假期
15以下	0.0	40.0	80.0	40.0	0.0	0.0
15—24	16.9	34.4	56.4	26.3	8.1	1.5
25—34	20.9	34.9	51.4	20.4	5.6	1.0
35—44	16.9	34.6	49.1	14.5	5.0	1.4
45—54	15.5	33.3	51.6	19.4	6.4	1.7
55—64	13.4	34.2	50.7	18.5	7.0	0.4
65以上	10.3	29.2	43.8	9.4	1.8	1.8

閒活動的比率均告降低。整體而言，性別對接觸傳播媒介，只有部分解釋力。

年齡與媒介活動的關係，見表十五。由於十五歲以下的就業人口，只有五個樣本，人數太少，不予分析。上班前的自由時間內，仍以從事「其他」活動的人數最多。接觸傳播媒介，以二十五歲至三十四歲這個年齡層最為普遍，六十五歲以上「運動」一項人數較多，相形之下，接觸大眾傳播媒介較不普遍。這兩個年齡層的不同，主要在於二十五歲至

三十四歲的年輕就業人口，上班前較多閱讀報紙的緣故。

除老年人外，中午接觸媒介在休閒活動中的角色，不因年齡而有差異。老年就業人口在中午這段時間，看電視或聽廣播的比率達百分之二十二點三，高於其他各年齡層——雖然高出不多；但老年人中午甚少閱讀書報雜誌而甚多午睡，正說明自由時間內各類休閒活動互為「功能性相等品」，以致彼此競爭，相互取代。下班後、週末或輪休、二至七天假期等三種自由時間內，就年齡而言，接觸媒介的型態仍與中午十分類似，只不過年輕人看電影、郊遊的比率較高而已。

根據表十六，家庭類型不太影響大衆傳播活動。不論是那一段自由時間，大家庭、折中家庭或小家庭以大衆傳播為主要休閒活動的比率，均無區別。 例外的是單身漢， 他們在上班前和中午較多人閱讀書報雜誌，下班後則較少人看電視，較多人看電影。單身漢在週末或輪休普遍有外出看電影的習慣，是可以理解的。

表十六　家庭類型與大衆傳播活動

時間 家庭類型	上班前	中午	下班後	週末輪休	二至七天假期	七天以上假期
大 家 庭	13.9	33.1	49.0	17.7	4.4	1.8
折中家庭	14.9	33.8	52.6	18.7	7.6	0.8
小 家 庭	16.0	34.2	51.6	19.2	5.5	1.5
單 身	21.7	40.0	47.3	24.2	8.4	0.0

以上分析，固然說明了大衆傳播媒介有許多 「功能性相等品」， 媒介在休閒活動中，並非是萬無一失的角色，可獲持續不斷的青睞；不過

以上資料也顯示接觸傳播媒介是自由時間較短時的主要休閒方式，似非其他活動所能取而代之，這或可解釋為民眾有接觸媒介的動機或需要。接觸傳播媒介不僅要有閒、有需求，還要有「易得性」（availability）和有錢，缺一不可。臺灣大眾傳播事業發達，各種媒介的「易得性」已非問題。那麼收入這個條件，是否能夠解釋接觸媒介的行為？

表十七　家庭每月收入與大眾傳播活動

時間 每月收入 （單位千元）	上班前	中午	下班後	週末輪休	二至七天假期	七天以上假期
0— 2	5.0	18.5	27.2	5.6	0.0	0.0
2— 4	6.2	31.1	46.5	17.5	10.8	0.9
4— 6	13.8	33.0	46.7	17.1	4.3	1.5
6— 8	12.3	31.4	49.0	16.0	6.4	0.4
8—10	16.4	35.5	51.9	13.7	4.4	0.4
10— 12	19.2	32.3	51.6	17.3	3.7	1.0
12—14	16.2	33.6	53.1	19.6	6.4	1.5
14—16	24.5	35.5	52.0	27.1	6.4	1.8
16—18	18.7	36.9	55.1	28.8	12.4	4.8
18—20	21.7	37.8	58.0	25.5	12.5	0.0
20—25	19.9	35.2	56.8	23.2	8.1	2.1
25—30	25.0	48.4	52.4	29.3	8.7	1.3
30以上	21.7	39.5	55.9	22.7	7.2	3.8

表十七「上班前」一欄，可分辨出兩種不同的接觸媒介型態。每月收入低於八千者，上班前較少閱讀報紙；收入高於八千者，上班前較多人看報，但收入愈高的階層，上班前看報人數並未跟著增加。可見每月收入八千元是接觸文字媒介的瓶頸，以此一限界劃分讀者是否積極參與，超出瓶頸以後，收入卽難以解釋接觸文字媒介的行為。

　　電子媒介似乎沒有任何瓶頸，除收入不足二千元這個階層，電視在臺灣是道道地地的「全民媒介」，不論中午還是下班後自由時間，看電視已成爲主要的休閒活動方式，不因收入而有重大差別。表十七數字顯示收入愈高者，接觸各類媒介人數的比率總和，稍有隨之提高的趨勢，這是高收入者接觸印刷媒介較多的緣故，至於看電視和聽廣播，幾乎不因收入而有變異。不過假期如果長達兩天以上，則「其他」活動佔去甚多自由時間，接觸媒介的重要性大爲降低，其比率低到無法作任何比較或推論，與前文提到地理區、性別、家庭類型等自變數的情形相同，看不出接觸媒介有什麼明顯的型態。

　　上述收入多寡並未考慮家庭就業人數及家庭人口數，難以直接比較。不過，一個家庭收支是否有剩餘，似可部分說明收入多寡、就業人口數和家庭人口數三者之間的關係。表十八可以看出，收支狀況與接觸大衆媒介，有極爲明顯而固定的關係。除兩天以上假期不論，各類自由時間內接觸媒介的人數比率，以收支有剩餘的家庭最高，收支相抵者次之，入不敷出者殿後。細讀經建會報告，經比較各類媒介，發現主要差別是出在接觸印刷媒介上，即經濟狀況較好的家庭，以閱讀書報雜誌爲主

表十八　　收支狀況與大衆傳播活動

收支狀況 ＼ 時間	上班前	中午	下班後	週末輪休	二至七天假期	七天以上假期
剩　餘	19.3	36.7	54.0	21.2	6.4	1.3
相　抵	15.7	32.3	49.5	17.5	5.3	1.3
不　夠	11.2	27.0	44.3	13.4	6.0	0.6

表十九　教育與大衆傳播活動

教育年齡＼時間	上班前	中午	下班後	週末輪休	二至七天假期	七天以上假期
0	2.5	30.0	42.8	9.5	5.6	0.0
1— 6	12.2	34.3	47.5	13.7	4.8	1.3
7— 9	16.2	33.8	53.5	21.8	5.3	0.7
10—12	22.1	36.0	55.6	25.2	7.0	0.7
13—16	27.0	34.0	59.0	24.3	7.8	2.8
16以上	23.9	31.9	50.6	12.7	10.5	5.1

要休閒活動的人數較多，但他們並不比收支相抵或入不敷出者更熱衷於看電視。此外，收支狀況也決定了看電影、郊遊旅行、運動等休閒活動，不及細述。

家庭每月平均收入和收支相抵狀況，反應出生活方式，且與教育程度、職業和從業身份有密切關係。以下分別就這三項變數，探討大衆傳播活動在休閒生活中的角色。

表十九顯示，上班前接觸大衆媒介的比率，與教育程度有密切關聯——教育程度愈高，愈傾向以大衆媒介活動爲主要休閒方式。高教育年齡與低教育年齡閱讀書報雜誌，有極爲不同的型態，不僅見於上班前，也見於中午自由時間。不過中午這段時間內高教育年齡者較少看電視，故表十九中午接觸各類媒介的比率總和，各教育年齡層均相去不遠，下班後的差距則較顯著。實際上，以各類傳播媒介相互比較，其型態完全不同。即使週末或輪休，高教育年齡者仍較少看電視，較多閱讀書報雜誌。當然，假期愈長，高教育年齡者從事郊遊旅行、運動、心性修養等

非媒介活動，遠非低教育者所能及，不過教育程度最高的階層（即十六年以上），多係專業人員、技術人員、行政主管，他們的生活方式常包括了戶外休閒活動或與工作有關的活動，故反而佔去接觸媒介的時間，尤以週末最為明顯，這說明了生活方式影響媒介接觸，有助於解釋為何教育程度與媒介接觸呈曲線相關。六年以下和十六年以上教育程度的人，以接觸媒介為主要休閒活動的比率，均較中等教育程度者為低，此兩類人接觸媒介的型態大異於一般人，與過去的許多研究結果一致。

生活方式影響媒介暴露，亦見於職業和從業身份（表二十）。上班前接觸媒介的比率，以專門人員、技術人員、行政及主管、監理及佐理較高，而上班前的媒介接觸，實無異於閱讀報紙這個印刷媒介。中午的自由時間內，接觸各類媒介的比例總和雖不因職業而有差異，但其型態

表二十　職業與大衆傳播活動

時間＼職業	上班前	中午	下班後	週末輪休	二至七天假期	七天以上假期
專 門 人 員	26.2	30.8	59.8	34.4	2.4	1.5
技 術 人 員	26.9	33.6	58.5	24.9	11.6	3.6
行政及主管	23.9	33.5	61.4	22.5	5.0	0.8
監督及佐理	23.4	31.8	57.7	25.8	8.5	0.8
買 賣 工 作	16.1	38.2	40.7	11.9	3.0	1.5
服 務 工 作	15.6	31.3	42.1	19.5	5.1	1.2
農 林 漁 牧	3.9	37.1	47.5	5.5	3.7	1.6
生 產 有 關	14.0	35.6	49.5	14.4	4.4	1.1
機 械 有 關	17.1	34.3	52.1	21.3	6.1	0.4
其 他 生 產	9.4	29.0	50.1	15.5	7.3	0.5
不 能 分 類	19.1	33.9	50.8	27.8	6.5	0.0
軍 人	20.8	31.2	67.0	30.2	3.0	0.0

仍如前述：上班前較多閱讀報紙的人，中午接觸印刷媒介較多，看電視較少。下班後的情形亦復如此。按職業分，農林漁牧人員和其他生產人員，無論在何段自由時間，均非印刷媒介的大量消費者。

　　表二十一說明從業身份和接觸各類媒介的總比率。上班前以雇主、私人雇用、政府雇用等三類人，較多以接觸媒介爲主要休閒活動；中午及下班後各種身份的從業人員，接觸媒介的總比率相去無幾，但前述三類人加上無業者，接觸印刷媒介的比率，仍高於其他人。週末或輪休以及較長假期，媒介接觸不因從業身份而有差別，但雇主及公私機構受雇人有較爲頻繁的非媒介活動，致媒介活動的重要性相形降低，與前述趨勢一致，顯示媒介活動是可以被替代的，媒介接觸型態是隨生活方式改變的。

表二十一　從業身份和大衆傳播活動

時問 從業身份	上班前	中午	下班後	週末輪休	二至七天假期	七天以上假期
雇　　主	22.0	40.9	52.7	16.2	2.5	0.5
私人雇用	17.9	31.7	53.1	20.7	6.9	1.1
政府雇用	18.0	32.2	57.8	25.5	8.5	2.2
自營作業	13.6	37.3	43.8	10.8	3.2	1.1
無酬家屬	10.7	39.2	44.6	15.1	5.1	0.0
無　　業	11.4	39.6	51.1	23.9	2.7	2.9

　　綜合以上分析，可得下列結果：

第一、地理區、性別、年齡、家庭類型、家庭每月收入、收支狀

況、教育年齡、職業和從業身份九項因素，或多或少影響了媒介接觸型態，其中以家庭類型影響較小，而經濟因素和教育因素與接觸傳播媒介的百分比，似分別呈正曲線關係（卽曲線爲∏形，兩邊低，中間高），均與過去研究結果相符。 不過老年人以接觸媒介爲主要休閒活動的比率，似有偏低跡象，與過去某些研究結果不符。❷老年人除中午看電視的比率與其他年齡層的受訪人相當之外，其他各段自由時間內的各類傳播媒介使用， 均告偏低， 原因是「其他」活動——例如休息、 無事可做、整理家務、照顧小孩——佔去了休閒活動的機會，直接影響接觸媒介的比率。經建會報告無資料顯示老年人的教育程度較低，就算有，低教育程度只削減接觸印刷媒介的機會，不致影響看電視和聽廣播，而此

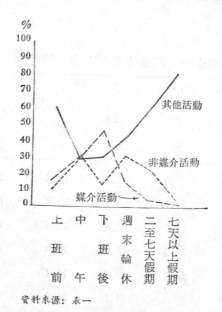

資料來源：表一

圖六　不同自由時間內之三類休閒活動百分比

---

❷　例如, Katz and Gurevitch, 1974; Robinson, 1977.

處的資料並非如此。 故教育程度較低， 不足以解釋老年人較少接觸媒介。比較合理的兩種解釋，一是經建會原報告所採用的研究方法特殊，研究對象限於就業人口， 未包括無業的老年人； 二是中國社會結構特殊，老年人生活方式深深介入整理家務、照顧小孩等「其他」活動，這些活動在功能上取代了接觸傳播媒介， 成為一種「準休閒活動」， 有別於一般所瞭解的真正休閒活動。

第二、「其他」既為一種準休閒活動， 性質上又近似約束時間的活動，表面上與媒介接觸及非媒介活動同為 「功能性相等品」， 實際上整理家務、 照顧小孩、 準備工作為生活所必需， 故形同約束時間內的活動， 經常取代了真正的休閒活動。圖六顯示，在各段自由時間內，凡「其他」活動不可或缺時，休閒活動即告減少。畢竟，一天的自由時間多寡，有一定限度，某種活動如在功能上較能滿足生活需求，便自然替代」別種活動。

這樣說來，真正的休閒活動可能被擠掉，豈非說明了休閒活動可有可無？此又不盡然，只是目前缺乏有關的實證資料而已。未來的研究，或可探討準休閒活動與休閒活動在何種條件下有相互替代的現象。

第三、圖六至少提供了一點線索，說明被替代的，較可能是媒介活動。非媒介活動例如郊遊旅行、運動、心性修養活動，在各段自由時間內，均保持比媒介活動較為平穩的曲線，顯示較少受到「其他」活動起伏的影響。

這種現象對大眾傳播事業有什麼暗示？傳播媒介固然有許多功能，可以滿足民眾的需求,但非媒介活動也具有同樣的功能,在某種情境下可取媒介而代之。按此觀點，則媒介實非日常生活的必需品，它只增添、補充生活的內容而已。由此引伸，大眾傳播媒介的成長過程中，依賴外界條件者有甚於本身的條件。也就是說，除非媒介能逐漸侵佔較多的自

由時間，成爲一般人生活必需品，否則其成長速度究竟有限。

第四、從地理區到從業身份，無論以那一個變項來看，以媒介接觸爲主要休閒活動的比率總和，均以下班後這段時間最高，中午次之，上班前及週末輪休又次之，　但如有兩天以上假期致自由時間大幅度增加時，媒介接觸的比率卻急劇降低，詳見圖七。這固然由於「其他」準休閒活動的比率增加，使媒介活動的重要性下跌，但與非媒介活動比較，接觸媒介顯然較易被「其他」活動所取代。此種現象，再度支持了媒介活動非生活必需品之觀點。不過在每週七天日復一日的生活中，大衆傳播活動仍承擔起休閒生活的重要角色，似無可置疑；假期一長，情況大異。

第五、比較媒介之間的變異，　從圖七可知：　書報雜誌較不易被取

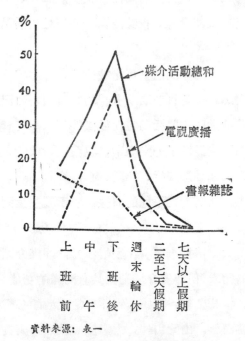

資料來源：表一

圖七　以接觸各類媒介爲主要休閒活動的百分比

代；電視的曲線起伏較大，其功能視時段而異。下班後，電視和廣播的
「易得性」高，故在所有休閒活動中，以看電視、聽廣播❸爲主要活動
的人，幾佔就業人口百分之四十，遠超過他種活動，除經濟和教育因素
外，其他因素均無法解釋其變異。 前文稱電視爲「全民媒介」, 卽是此
意。等到假期一長，電視重要性大減，連實際收看時數，亦隨自由時間
之增加而降低（Robinson，1977），唯本文沒有直接資料可資佐證。

　　至於聽音樂和看電影，因比率微不足道，不予討論。

　　下班後的自由時間既然是接觸傳播媒介的尖峯時段，似有必要進一
步探討這一特定時間內接觸各種媒介的行爲，進而探討各種變項如何影
響接觸媒介的行爲。

第四節　接觸媒介類型

　　上節分析地理區、性別、年齡、家庭類型、每月收入、收支狀況、
教育程度、 職業、 從業身份等九項變數影響接觸媒介的活動時， 曾說
明其中若干變數大體反映了一個人的生活方式，這並非意味著「生活方
式」一詞應如此界定，而是經建會報告中缺乏本文所需的適當資料。前
文已說明生活方式影響媒介接觸比率在休閒活動中的角色，此處擬就僅
有的三個等級資料變項——家庭每月收入、年齡、教育——分別與看電
視或聽廣播、 閱讀書報雜誌的比率， 求等級相關（Spearman rank
correlation），以明瞭這些因素與下班後接觸媒介類型的關係。

　　表二十二顯示，無論是收入、年齡還是教育，均與接觸廣播電視的
比率，呈負相關：收入愈多、年齡愈大、教育程度愈高的人，較少以看
電視或聽廣播爲主的休閒方式，與上節的結果一致。其中家庭每月收

❸　其中聽廣播只限於某些階層，且人數甚少，幾可略去不論。

表二十二　三種變項與接觸媒介類型的關係

變項＼媒介類型	電視和廣播	書報雜誌
收　入	— .18	.91
年　齡(1)	— .43	— .77
教　育	— .74	.99

(1)15歲以下人數太少，未予計入。

入一項，相關係數甚低，解釋力不大。但收入與觀看電視（聽廣播的人太少，可不予計入）的人數比率相關不高，顯示無論收入高低均有可能以看電視為主要休閒方式，適足以加強電視在臺灣已是一種「全民媒介」的說法。

但收入多，教育程度高的階層，與閱讀書報雜誌的比率，有極高的正相關；反之，年齡愈大的就業人口層，卻較少以接觸印刷媒介為主要休閒活動。年齡跟兩類媒介的關係，自成一個類型。教育程度和收入兩變項，另成一個類型，均與電子媒介呈負相關，與印刷媒介呈正相關，惟收入多寡較難預測接觸廣播和電視的比率。

由此可知：如果接觸媒介能夠滿足休閒生活中的某些需求，則不同的媒介接觸型態，顯示各種大眾傳播媒介之間，可能因人而產生相異的替代現象，但滿足休閒的功能則一。

不管如何，討論接觸傳播媒介在休閒生活中的角色，需在全部自由時間的情境中進行。換句話說，接觸媒介的比率和類型，依自由時間的多寡而變化，故自由時間如何左右媒介接觸，必須加以討論。

第五節　自由時間與媒介接觸

　　本節的三變項分析，仍限於下班後這個時段，因為本文所重視的接觸媒介活動，以下班後自由時間內最為普遍；不過，週日下班後自由時間平均為一百六十六分鐘，佔每日自由時間二百一十九分鐘的百分之七十六，值得特別加以注意。經建會的報告中，曾分別按地理區、家庭型態、年齡、教育、職業和從業身份六個變項，細分自由時間。除地理區和家庭型態屬「名類資料」，以繪圖表示外，其餘均以「等級相關」計算自由時間多寡與接觸主要傳播媒介的相關係數。

　　圖八顯示，就地區而言，下班後自由時間愈多的地區，以看電視和

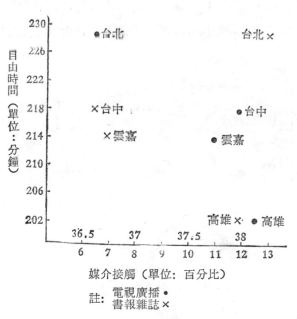

圖八　自由時間與媒介接觸：按地理區分

聽廣播為主要休閒活動的就業人口比率愈低，迴歸線約略由左上角延伸到右下角，有極明顯的負相關；相反的，除高雄外，下班後閱讀書報雜誌的比率，卻隨自由時間的增加而提高。高雄地區就業人口，下班後的自由時間最少，平均為二百零二分鐘，但閱讀書報雜誌的人口比率卻僅次於臺北，或許說明了工作較忙但從業人口水準較高，是都市化過程中一個十分典型的過渡型地理區。以地理區分析，接觸廣播電視比閱讀書報雜誌較受自由時間多寡的影響。

就家庭型態而言，結果如圖九。大家庭從業人口，下班後的自由時間最長，平均為一百七十四分鐘；單身家庭的自由時間最短，平均約一百六十分鐘。圖九可看出：大家庭多看電視和聽廣播而少閱讀書報雜誌，單身家庭剛好相反。看電視是一種團體行為，大家庭人口較多，無形中促使家庭成員多看電視；閱讀是一種個人行為，較不適宜在大家庭中進行。可見家庭型態影響媒介接觸。大體而言，大家庭自由時間多，

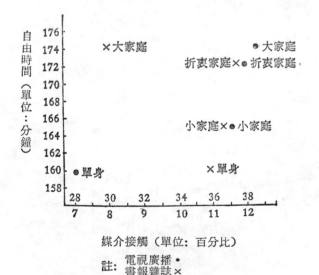

圖九　自由時間與媒介接觸：按家庭型態分

接觸電子媒介的比率高，但接觸印刷媒介的比率卻較低；單身家庭剛好相反，自由時間較短，閱讀書報雜誌的比率高，接觸廣播電視的比率低。

表二十三的外觀雖與表二十二相同，但本表是三個變項同時分析，意義不同。僅就年齡階層而言，自由時間愈多的年齡層，愈可能以看電視和聽廣播為下班後的主要休閒方式，相關係數達零點九四；自由時間愈多的年齡層，也較可能閱讀書報雜誌，相關係數為零點七七。反過來說，就年齡階層而言，自由時間愈少的年齡層，不僅較少以看電視和聽廣播為主要休閒方式，而且也較少以閱讀書報雜誌作消遣。根據經建會原報告，自由時間最長的年齡層，是四十五歲到五十四歲，其次是十五歲到二十四歲，最短的是六十五歲以上的就業人口。自由時間愈長，大眾傳播媒介的角色愈形重要，以年齡層來看，應可成立。

表二十三　自由時間多寡與媒介接觸比率的相關

變項 ＼ 媒介類型	電視廣播	書報雜誌
年　　齡(1)	.94	.77
教　　育	一 .89	.89
職　　業	.32	.90
從業身份	.83	.83

(1)15歲以下人數太少，未予計入。

以教育年齡階層而言，教育程度愈高的就業人口，自由時間愈長，而自由時間多寡與接觸電子媒介的人數比率，呈極明顯的負相關，但與接觸印刷媒介的人數比率，則呈明顯的正相關。

不同類型的職業階層，以行政及主管人員自由時間最長，買賣工作

人員最短，自由時間的長短，與援觸兩類媒介的人數比率均呈正相關，不過與電子媒介的相關係數不高。至於從業身份，自由時間最長的是政府雇用人員，最短的是自營作業者，自由時間的長短與援觸兩類媒介的人數比率，均有明顯的正關係。

表二十三的分析，雖然由於年齡和教育兩項變數劃分不夠細，可能因等級太少而扭曲相關係數的意義，但以上資料至少說明了兩點：

第一、下班後就業人口援觸媒介的人數比率，確與自由時間的長短有關。就大多數變項而言，自由時間與援觸印刷媒介有正相關，但自由時間與援觸電子媒介的關係，則因情況而有不同的關係類型——至少在下班後的這一段自由時間內是如此——過去類似的研究，似有過份簡單化之嫌。

第二、下班後以援觸大衆傳播媒介爲主要休閒活動，似受自由時間與各類因素的交互影響，其中似以教育這個因素影響最大，表二十二和表二十三或多或少可以看出這種跡象。

當然，上節及本節的總體分析結果，似與前面的個體分析結果，有若干不盡一致之處，這是不可避免的現象。總體分析的推論範圍是團體而不是個人，說明某一階層自由時間較多則較有援觸某種媒介的傾向，並不等於說明了某人自由時間較多自然較可能去援觸某種媒介，這樣的推論就犯了「區位學謬誤」（ecological fallacy）。❹此外，其他時段內自由時間的多寡與援觸媒介的人數比率，是否仍維持同樣的關係型態，不無疑問。惟本文所採取的分析方式，原有資料已不容許進一步探討。

---

❹ 有關「區位學謬誤」的討論，見Robinson, 1950; Dogan and Rokkan, 1969; Scheuch, 1970; Rosenthal, 1973.

第六節　接觸媒介是休閒替代活動

　　本章使用民國六十七年十一月行政院經濟建設委員會出版的「臺灣地區國民生活結構調查分析報告」，改編資料，特別着重接觸大衆傳播媒介在國民休閒生活中的角色，並賦以新的意義，以「功能性相等品」的概念，說明各類休閒活動和各類媒介相互競爭、取代的型態。此類「次級分析」，資料和範圍無可避免要受到原始報告的限制。不過，鑑於我國文化建設正在逐步推動，休閒生活漸受重視，而有關資料付諸闕如，實不能等待另一個較詳細的「時間預算」研究。本文的研究結果及文中對此類研究的批評和建議，或許可作爲未來研究的參考。

　　主要研究發現如下：

　　第一、根據廣義的「休閒活動」定義，整理家務、照顧小孩、準備工作等「其他」活動，實際上形同必需的活動，經常侵佔接觸大衆傳播媒介時間及他種眞正的休閒生活。就休閒功能而言，這兩類活動似以接觸傳播媒介較有被「其他」活動取代的傾向。

　　第二、同樣的，印刷媒介和電子媒介雖在功能上同能滿足休閒需求，但它們滿足不同的需求層面，其中以電子媒介較有被取代的傾向。

　　第三、比較不同時段自由時間內的整個大衆傳播活動，可明顯看出，以接觸傳播活動爲主要休閒活動的人數比率，隨自由時間的增加而減少（這並不表示接觸媒介的時數減少。例如，假期中看電視常非「主要活動」，但看電視的時數並未減少）。

　　第四、傳播媒介在休閒生活中的角色，主要是在平時而非較長的假期時；主要在晚間而非早上或中午。不過看電影在週末較爲普遍，而閱讀書報雜誌在每天三個自由時間內均同樣重要，電視則已成爲一種「全

民媒介」。

第五、影響媒介接觸的因素，並不十分單純，但本研究有限的資料顯示，教育似爲一重要因素。教育程度高，接觸印刷媒介的人數比率也較高，但接觸廣播電視的比率較低。

第六、以下班後的媒介接觸活動爲例，從總體觀點，自由時間較長的人口階層，以媒介接觸爲主要休閒活動的人數比率，大體上也隨著增加，尤以接觸印刷媒介爲然。不過在總體分析中，按教育年齡分階層，自由時間與電子媒介的接觸比率，卻有明顯的負相關。

以上結論因缺乏直接資料，部份尚嫌證據不夠充分。未來的研究勢須強調「時間預算」研究——以日記法登載每一項活動的確切內容和時間長短，而非以回憶方式詢問某段時間內的主要活動爲何，以瞭解接觸傳播媒介在休閒活動中的角色。日記法固然有先天的缺點，然而有關「時間預算」或休閒活動的研究，似無較理想的研究方法。例如，羅賓遜 (Robinson，1977)以日記法研究「時間預算」，卽曾說明電視收視率調查公司，無論以機器法還是回憶法，均有高估收看電視的時間之趨勢。

其次， 休閒活動的內容與時俱變， 各種活動旣然都可滿足休閒需求，則探討各種活動之間的相互替代現象，不僅有助於瞭解休閒活動的內涵和變遷， 也有助於決策者擬定社會計劃， 適時引導國民的休閒方式，加強休閒功能。而尋求自由時間內媒介活動、非媒介活動和準休閒活動在功能上相互替代，也是社會研究的一個重要環節。接觸大衆傳播的活動，易被生活中的其他活動所取代，而電子媒介又易被印刷媒介取代的現象，似乎不僅見於中國社會而已。但中國大家庭的就業人口，多接觸廣播電視而少閱讀書報，難道是中國的社會結構特性造成的？下一章擬從收看電視的長期趨勢，以另一個角度討論國人的生活安排，或許有助於瞭解中國的社會結構特性。

第八章　收看電視行爲的變遷

第一節　傳播效果新詮

上一章談到接觸大衆傳播媒介可視爲生活中的「功能性替代品」
——傳播媒介替代了其他休閒活動，構成一種新的生活方式。從社會變
遷的觀點來看，媒介改變了生活型態，實際上就是傳播媒介的社會效果
之一。在這裏，「效果」一詞的意義，與傳統傳播研究極爲不同。傳統
傳播研究的效果，大體不出兩類。第一類關心傳播內容的訊息是否充份傳
達，是否溝通了意義或改變對方的意見、態度、行爲，例如哥倫比亞大
學拉查斯菲和墨頓的研究；第二類研究關心某種特定傳播型式或訴求方
式是否具有較佳的傳播效果，例如耶魯大學賀夫蘭 (Hovland, 1953,
1957) 的研究。

這裏所說的效果，旣不指傳播內容也不指傳播型式，而是指媒介本
身的存在。明白地說，這裏要問的問題是：光是引進媒介，是否足以造
成改變？怎樣改變？

　　引進傳播媒介如果改變了原有生活方式，可視爲媒介影響社會的證據，也是社會變遷的現象之一。至於原有生活方式如何，則不在討論範圍內。本章進一步就新的聲光媒介電視，探討僅僅因爲其存在，如何改變日常作息行爲的問題。觀察這些改變，是從收看電視行爲推論而得。一個人一天只有二十四小時，約可分爲工作時間、約束時間和自由時間。後者又稱休閒時間，包括收看電視在內。收看電視的時間愈長，則其他休閒活動的時間縮短，或者改變休閒方式。就收看電視節目而言，如何影響其他休閒活動的時間和方式雖然無法從本章的資料中得知，❶但僅僅因爲生活中引進電視致使休閒結構發生變化，是可以預期的。

第二節　研究目的和資料來源

　　即令如此，在本章的研究中，所謂收看電視行爲，實際上是指每天特定時段內收看三家電視臺的收視率和開機率。資料來自臺北市益利市場調查顧問公司每週出版的電視收視率調查報告。❷

　　益利公司收視率調查在六十七年以前已進行多年，但因資料不齊，且報告係隔週一次，時效較差。此外，大約從六十七年春天開始採取問卷留置和碼表記錄兩種方法，爲了資料性質前後一貫，下面的分析，限於六十七、六十八、六十九、七十年收視資料。由於每週出版一本收視率報告，資料過於龐大，乃決定以隨機方法，每季抽出兩本（每一本含七天收視資料。六十七年春季資料不全，少抽一本，共得三十一本，含

❶　國科會支持的一項專題研究，其中一部分即在試圖解答收看電視怎樣影響日常作息（包括休閒）的問題。趙嬰、陳世敏、鄭瑞城（進行中）成人收看電視對消費行爲和生活型態之影響。臺北：國科會專題研究報告。

❷　承益利市場調查顧問公司總經理陳偉爾慨借歷年收視率報告，謹此致謝。

二百一十七天資料），計算某一時段內三臺收視率和開機率總和。

　　益利公司按全省電視機分佈的比率，以二百四十五具電視收視記錄碼表分置用戶，代表全省收視家庭，記錄開機率。某臺某節目的開機率，是接收該臺節目的電視機佔全省電視機總數的百分比。益利公司另留置問卷，記錄樣本家庭內二歲以上人口的各別收視情況。某臺某節目的收視率，是以個人為單位，計算特定時間內收看某臺某節目的人數佔全省觀眾的比率。

　　益利公司的家庭開機率以機械記錄，個人收視率以日記式問卷記錄，都是商業性電視觀眾研究機構普遍採用的方法，有其特性與限制，❸不在討論之列。必須一提的是：第一，收看電視行為除了測量是否收看、收看頻數、收看時間長度，是一種「客觀測量法」外，還有測量觀眾是否滿意的「主觀測量法」、測量耗費在與收看電視活動有關的費用之「金錢測量法」（Peterson, 1981; McCombs and Eyal, 1980），研究結果的意義，未盡相同。第二，收視率調查是一種商業活動，只能說是學術上有關「時間預算」（或稱「時間使用」）研究的一部分，無法把收看電視行為納入整個生活情境之中，因此，僅以收看電視推論休閒生活，自難一窺全豹。

　　以下分析，均合併三臺某一時段的開機率和收視率，以瞭解全省觀眾收看電視型態的長期趨勢和季節性變動。事實上，各表數字既為三臺總和，則在說明看或不看的比率，已經失去了開機率和收視率原意，故分別改稱總開機率或總收視率。其次，每一時段以三十分鐘為一單位，過長或過短節目均與前後節目合併。其過程頗繁瑣，不便交待。

---

❸　這方面的研究甚多，各種方法互有短長。較詳盡的討論可參見Robinson，1977。臺灣的電視收視率調查，除益利公司外，還有聯合廣告公司（採用日記法）和潤利市場調查顧問公司（採用電話訪問法）。

第三節　收看電視的長期趨勢

壹、四年總開機率和總收視率

首先要解答的問題是：從民國六十七年到七十年這四年間，在一天中某一特定時間內，收看電視的比率究竟多少？顯示了甚麼意義？

表二十四就二百一十七天收視比率加以平均，求得粗平均數（亦即未按每個時段樣本數加權），分別說明總開機率和總收視率。其中下午一時三十分至五時三十分，週一至週五無電視節目，僅為週六和週日兩天資料。

表二十四　四年總開機率和總收視率平均

	六十七年	六十八年	六十九年	七十年	平　均
開　機　率（A）	52.97	48.29	46.12	54.39	50.54
收　視　率（B）	29.57	25.82	28.92	33.58	29.49
收視係數（C）	0.546	0.517	0.590	0.605	0.565

(1) $C = \dfrac{B}{A}$。

資料來源：益利市場調查顧問公司「電視收視率調查報告」，民國六十七年一月至民國七十年十二月。以下各表，資料來源同本表。

根據表二十四資料，四年總開機率平均為百分之五十點五四，顯示這四年內，凡是有電視節目的任何時間，每一百架電視機就有五十架是打開著在收看節目。

這個數字或許因為本研究捨棄晚上十一時以後的資料（因電視到後期才延至晚上十二時收播）而略為高估，但如果原始收視率資料前後一貫的話，我們幾可肯定收看電視已經成為國人的重要日常活動之一，甚

至是非假日和晚間的最主要休閒活動。這項研究發現，與上一章行政院經濟建設委員會的國民生活結構調查報告相互呼應。

其次，同表顯示四年總收視率粗平均數為百分之二十九點四九，也就是說，電視時間內任何時候，電視人口中平均將近百分之三十在收看電視節目。捨棄嬰兒、出國旅行、住院、在監獄或軍營中的人，其餘的人是理論上的電視人口，試乘以百分之三十，就知道收看電視是規模多麼龐大的一項休閒活動，甚至令人懷疑除了新年節慶和其他不定期特別活動外，近年來臺灣有幾項休閒活動曾經吸引過這麼多人！電視怎麼改變其他活動，改變到甚麼程度，這裏並無資料，但生活方式大不同於往昔，似甚明顯。

再次，表二十四的四年平均「收視係數」是零點五六五。「收視係數」指收視率與開機率之比。假如 百架開著的電視機，電視人口百分之百全都觀賞節目，則「收視係數」為一；相反的，假如觀賞的電視人口為百分之零，則「收視係數」為零。係數愈高，表示每架打開的電視機，其觀眾佔這些家庭潛在觀眾的比率愈高；係數愈低，表示觀眾佔這些家庭潛在觀眾的比率愈低。也就是說，假如某戶電視機開著，則「收視指數」零點五七表示該戶實際看電視的人數，佔該戶電視人口百分之五十七。 這個數字在這裏也許沒有太大的意義， 主要是用在下文的分析。理論上，分析「收視係數」卻有兩項重要意義。

第一，過去的收看電視行為研究，其中一種方法，是以攝影機架設在室內或室外某處，然後錄下這戶人家在電視機前的一切活動。結果顯示，在電視機打開的時間內，有五分之一的時間室內空無一人，另五分之一的時間是室內有人但不看螢光幕。多年後，類似的另一個研究，結論也大致相同 (Comstock，1980)。可見開機率可能引人誤解。

第二，家庭型態逐漸因工業化和都市化轉變為核心家庭，平均每戶

人口數日減，加上一戶多機家庭日增，純粹收視率無法表現家庭成員觀看電視時的互動以及整個休閒活動型態。限於資料不足，本文無法詳細分析「收視係數」，但未來的收看電視行爲研究，宜注意這個問題。

分別就這四年加以觀察，除民國六十七年外，❹無論開機率、收視率、還是「收視係數」，大體上逐年提高。六十九年開機率與整個趨勢稍有出入，但還不致扭曲收看電視行爲的長期演變型態。

如果資料的信度不太離譜的話，上項結果說明這幾年臺灣的電視機一旦打開，機前的觀看人數逐年增加。這個結論正好跟一般人常識相反。多年來，批評電視的人遠多於讚美的人，知識份子更是口誅筆伐，或多或少讓人誤會電視節目不值得一看，甚至誤以爲收看電視的人愈來愈少。電視製作水準是另一個問題，但看電視的人口比率和每架電視機前的觀看人數增加，卻被一片批評聲音淹沒了。從社會變遷觀點，看電視的活動日漸普遍，是頗堪玩味、討論的現象。

貳、各時段總開機率和總收視率

休閒時間長短和休閒活動型態，撇開一般因素不談，乃是與生活結構中的工作時間和約束時間互爲消長，但休閒時間顯然是三者之中彈性最大、最容易被犧牲的。收看電視旣已成爲主要休閒活動，則把收看電視行爲置於日常生活作息的結構中，應較能瞭解全貌。

圖十是未加權的各時段總開機率和總收視率。中午電視播放時段是

---

❹ 民國六十七年資料，與整個時期的收看電視行爲不一貫，原因很多。第一，六十七年或許的確與其後數年不同。第二，六十七年春天，正是益利公司由日記法改用機器自動記錄法，兩種方法的調查結果不盡相同，也非不可能。第三，本文研究涵蓋期間不夠長，尚難看出明顯趨勢，使六十七年這項例外的資料格外顯得突出。

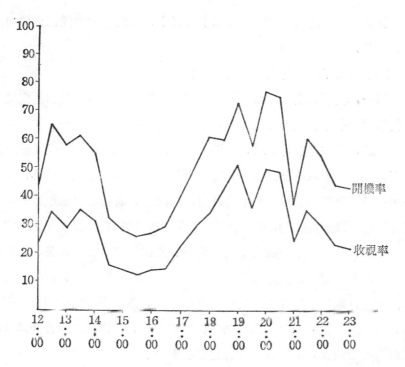

(1)下午一時半至五時半，為週六和週日平均數。

圖十　四年平均各時段總開機率和總收視率

十二時至一時，在圖上佔了三個時段，把圖十當成四年中任何一個「典型」日子，則可看出中午十二時三十分是一個收視率高峯，到晚上七時再現高峯，晚間電視新聞播出卽告下跌，電視新聞結束後的八點鐘黃金時段，開機率最高，達百分之七十七。等到九點鐘聯播節目上場，卽跌至曲線谷底。　開機率在九時半娛樂節目有相當幅度回升，　隨後逐漸下跌，直到十一時。圖上無十一時以後資料，不過預料曲線應是緩慢下降。

　　下午一時半至五時半時段是週六和週日平均數。下午三時半三臺總收視率最低，　僅為百分之二十五左右。　如果平常每天下午都有節目的話，由於工作、上學、外出等原因，這幾個時段的開機率還會更低。各

時段收視率約比開機率低百分之二十到三十，全天起伏曲線則大體與開機率相似。

圖十說明了怎樣的收看電視行為？

第一，收看電視與自由時間多寡呈正相關，與工作時間和約束時間呈負相關。中午和晚上自由時間較多，收看電視的人也較多。

第二，同在自由時間內，娛樂節目時段收視人數遠較新聞或社教節目高。其中晚上八時全國有百分之七十七電視機（因電視機普及，幾達一戶一機，故約等於同樣比率的家庭）打開著，有百分之五十電視人口正在觀看。「趨軟避硬」，表露無遺。是否收看，與節目的軟硬程度有關。

第三，週末下午一般人要從事購物、外出辦事、整理家務、睡覺等約束時間內的活動，但週末也有較長的自由時間，故逛街、散步運動等休閒活動，取代了部分人的收看電視。不過，週末下午較少通俗娛樂節目，也可能是收視較低的原因之一。整體說來，自由時間多寡和節目軟硬何者影響較大，不容易從本研究中看出來。

第四，中午十二時半和晚間九時半開機率甚高，但收視率卻不高，兩者差距大，顯示每架機器前的平均人數較少，這是中午勞動人口和學生多不在家，而晚上九時半以後兒童要就寢，學生要做功課的緣故。這種羣體觀看方式，可在圖十一「收視係數」看得更清楚。

根據前述定義，「收視係數」最高是一（每一架開著的電視機，全家電視人口全部在收看），最低是零（電視機開著，全家電視人口無人在收看）。民國六十七年到七十年間的「收視係數」，隨時段改變。下午一時為零點五，相當於打開的電視機當中，每家只有一半人在收看。晚間七時「收視係數」則高達零點七。

與上圖合併分析，晚間七時開機率雖非最高，但高「收視係數」表示家裏較多人在家，較多人看電視。這期間正是吃晚飯、整理家務、準備

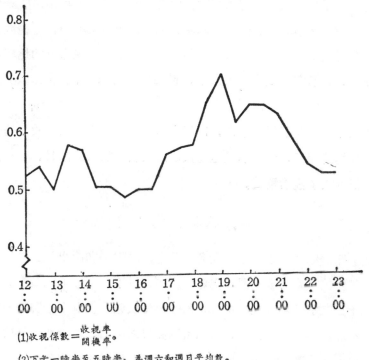

(1)收視係數＝收視率／開機率。

(2)下午一時半至五時半，爲週六和週日平均數。

圖十一　四年平均收視係數

進行其他活動的時間，看電視可能與其他活動同時進行，或變成次要活動，甚至可能成爲時看時停的活動。可惜商業性收視率調查無法提供具體線索。不過，圖十一仍然可以看出晚上七時「闔家共賞」的盛況。

　　七時半晚間新聞收視行爲，極饒興味。前面說過，電視新聞開機率和收視率位於曲線谷底之一，表示整個收看人數少；這裏「收視係數」曲線再度陷入谷底，表示家中收看人數減少，只剩下對新聞較有興趣的人。相形之下，如以標尺表示，通俗娛樂節目的收看行爲，偏向集體收看、無選擇收看、以陪伴家人爲主的一端；晚間新聞的收看行爲，較偏向個人收看、選擇性收看、以個人滿足爲主的一端。

　　此外，「收視係數」起伏不定，還表示家中電視人口在這些時段內時看時不看的比率較高。到晚上八時，上圖說明開機增加，收視人數也增加，但從圖十一可知每架電視機前的觀衆佔全家電視人口的比率，卻提高不多，表示家中較少去去來來、時看時停的人。「收視係數」到晚上九時以後，才持續下降。

　　週末下午「收視係數」低，同樣表示家中只有少數人在收看符合個人特殊興趣的節目，或表示這些時段缺乏吸引全家人的節目，也可能是其他活動取代了觀看電視。

叁、收視行爲變遷

　　由於開機率和收視率在一天各時段中，除中午和深夜差距較大外，兩個曲線起伏型態大致相同，爲節省篇幅，以下不再分析開機率。

　　圖十二顯示四年收視率在各時段的分佈狀態，沒有十分明晰一貫的趨勢。不過，如果捨棄細節，仍然可以發現六十七、六十八兩年收視率較低，七十年較高。三個主要收視率高峯，都出現在民國七十年。整體看起來，除了民國六十八年下午時段之外，各時段收視率逐年提高，尤以收視尖峯時段提高的幅度較大。四年間，收看電視成爲愈來愈普遍的休閒活動，而以下午六時以後最爲明顯。

　　這四年裏，國民的時間結構縱有改變，幅度不致太大，休閒方式似也不可能改變太多，爲甚麼晚間七時、七時半、八時、八時半、九時這五個時段，收視率逐年增高？解釋之一是：在臺灣，一個人有空閒（自由時間）是收看電視的必要條件，但是否眞正採取行動，需視個人對於各種休閒活動的主觀評價。如果他認爲在某段時間內收看電視勝於其他活動，則他會決定看電視。個人主觀評價成爲充分條件。此處沒有資料涉及個人主觀評價的問題，因此必須另尋解釋。

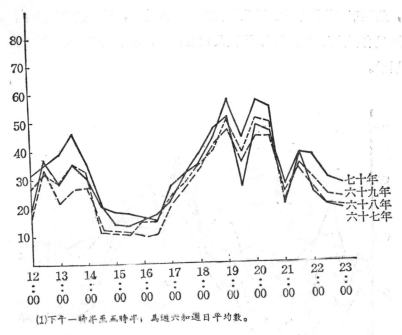

(1)下午一時半至五時半，爲週六和週日平均數。

圖十二　各時段總收視率

　　解釋之二是：三臺近年來在黃金時段內加強競爭，吸引了各種特性的觀眾，以致總收視率增加。至於增加部分究竟是娛樂節目觀眾還是知識性節目觀眾，無法從本研究直接得知，不過從晚間七時半電視新聞和九時聯播的社教節目收視率逐年提高來看，或許增加的部分是知識性節目的觀眾——因爲以收看知識節目爲主的人，也會收看通俗娛樂節目；但以收看通俗娛樂節目爲主的人，卻較不可能去收看知識性節目。就晚間各時段而言，節目吸引人，是收看行爲的充分條件。如果不是節目也會影響收看，我們就難以解釋爲甚麼晚間鄰近時段收視率會暴起暴跌了。

　　各時段收視率出入甚大，「收視係數」卻較不隨時段而變動。在收視率較高的時段，「收視係數」也較高（圖十三）。週六和週日下午收視

率，平均每機前觀看人數佔全家電視人口之比率較低，但與晚間七時相比，差距不如收視率大。可見卽使在非黃金時段，只要機器打開了，家裏還是有相當人數在觀看。臺灣民衆看電視，基本上依然是一種家庭集體活動。

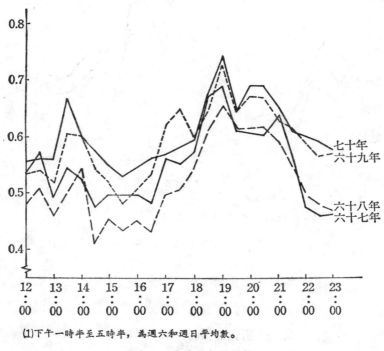

(1)下午一時半至五時半，為週六和週日平均數。

圖十三　各時段收視係數

令人驚異的是：除民國六十七年外，家庭成員在一起看電視的現象，不但沒有減退，反而漸趨明顯。「收視係數」旣是收視率除以開機率，則係數增加，只有四種可能：一、分子增大，二、分母減小，三、分子增大的速度高於分母，四、分母減小的速度高於分子。從前面表二十四，可看出收視率和開機率大體傾向於逐年增大，而且收視率增高的

速度高於開機率，致使「收視係數」增加。

　　這種現象甚難解釋。第六章曾談到一戶多機可能有助於促成收看電視行為個人化，也就是「收視係數」日漸降低。無論政府統計資料還是學術界研究，都顯示大約到民國六十八年，全國平均每戶有一架電視機，開始邁向一戶多機時代，❺也許擁有多架電視機的家庭不多，整體而言，收看電視在本研究中尚未發現轉為個人行為。至於電視節目是否日漸多樣化，還有待其他研究來解答。

　　就現有證據論事，目前宜暫時接受「一家之內，收視的人口比率提高，收視行為並未個人化」的結論，等到其他類似研究結果提出佐證，才能下定論。以下簡略討論兩點，就是基於這樣的臨時權宜考慮。

　　第一，商業性電視收視率調查報告，向來以家庭為調查單位，在一戶一機時期，此法無可疵議，但一戶有兩架電視機時，收視率如何計算，勢必斟酌戶內同一時間收看不同節目的問題。更微妙的問題，像多機家庭收視時較少討論節目內容或較少彼此談話（Bower，1973），現行調查方法更無暇顧及。

　　第二，有些人解釋電視佔據太多休閒時間，認為是電視聲光畫面大異於較傳統的媒介，因此人們趨之若鶩，只是覺得新奇，時間一久，新鮮感消失，自然不會再眩惑於電視，這就是所謂的「新奇假說」（novelty hypothesis）。此說可能忽略電視在日常生活的角色，低估電視成為現代生活必需品的潛力。至少，現有證據並不支持「新奇假說」。六十年代美國人平均每天看電視時間略少於六小時，到七十年代增加為七小時，而且早期發現的高低社經地位之間收看電視差異，也逐漸泯

---

❺　參見行政院經濟建設委員會（民七十）；陳以瑚（民七一）；曠湘霞、徐佳士（進行中）成人觀看電視對公共事務參與的影響。臺北：國科會專題研究報告。

滅；主觀感受雖未特別表示喜觀看電視，但也未強烈表示厭倦。(Comstock, 1980; Sahin and Robinson, 1981)。本研究的資料，似乎也暗示我國觀衆還未厭倦電視。

第四節　收視行爲的季節性變動

壹、季節性總開機率和總收視率

　　長期變動以外，收看電視行爲必須與其他活動競爭，尤其是與休閒活動競爭。有些活動如果與電視節目播出時間重疊，可事先提前或延後，可能影響收看電視較小。有些活動無法挪動，勢必直接與收看電視競爭。此時是否收看電視，則視個人對於這個電視節目的主觀評價如何而定。假使他認爲其他活動更重要、更有趣，他便較可能放棄電視。美國的研究指出，夏季戶外活動頻繁，收看時間約減少百分之十五（Comstock, 1980; Bogart, 1976）。臺灣觀衆的收看電視行爲，是否也有季節性變動？如果有，我們便較有信心推論變動原因。

　　表二十五以四年抽樣資料按月分列。開機率以八月最高（百分之五十四），三月最低（近百分之四十七）；收視率以二月最高，三月最低；收視係數以二月最高，四月最低。三項資料合併分析，大體可以說，二月份收看電視活動較爲普遍，十二月、一月、三月、四月稍差，其他七個月介於當中，且彼此無太大差別。

　　二月份正是農曆春節期間，假期較長，故自由時間較多，較常看電視，這是可以理解的。中國社會如果因爲家人親友春節團聚而增加收看電視，則可視爲中國社會的特色。臺灣觀衆以收看電視爲家人親朋互動、相聚的一種方式，確實表現了中國家庭關係的特質，如果這種說法

表二十五　各月總開機率和總收視率平均

	一月	二月	三月	四月	五月	六月
開機率（A）	48.88	53.04	46.81	48.12	53.82	53.03
收視率（B）	28.19	34.55	26.13	26.73	32.28	30.77
收視係數（C）	0.577	0.651	0.558	0.555	0.600	0.580

	七月	八月	九月	十月	十一月	十二月
開機率（A）	51.81	54.18	51.78	49.15	53.90	49.73
收視率（B）	30.66	32.39	30.54	29.14	31.47	27.92
收視係數（C）	0.592	0.598	0.590	0.593	0.584	0.560

(1) $C = \dfrac{B}{A}$。

不太離譜的話，那麼媒介的社會功能因其社會結構而異，顯然是一個久被忽略的問題。從這裏，似可引申出一個理論性問題：以家庭為中心的社會關係，是否較個人主義的社會關係，在收看電視行為方面較不易個人化？

凱茲（Katz & Gurevitch，1976）在以色列的研究，發現以色列人接觸人眾傳播媒介，有相當濃厚的家庭取向和認同意味——與家人共享樂趣，向社區、宗教認同。以色列人重視家庭成員關係，在西方文化中是不多見的一個例子，這或許是他們使用大眾傳播媒介不同於美國人的原因之一吧！

值得注意的是，從五月到十一月這七個月間，無論開機率、收視率、收視係數，均屬中等。在適宜戶外活動的季節內，其他休閒活動顯然沒有取代收看電視，這又與美國的研究結果甚為不同。

以上純係理論上詮釋，似乎過份強調季節性變動。事實上，最高月份和最低月份的開機率和收視率，相去不過百分之七點多，因此不宜忽略收看電視行為的一貫性。

　　至於一週內的收視情況，表二十六顯示星期一至星期四毫無差別，星期五最高，週末較低。星期六和星期日資料如果除去下午時段，則星期日開機率幾與平日相當，星期六亦僅低於平日約百分之五。星期六較多其他活動，致減少收看電視，是生活中各種活動彼此競爭的一個例子。收視率變動的程度，大體與開機率相近。至於「收視係數」，一週七天幾乎相同。

表二十六　星期總開機率和總收視率平均

	星期一	星期二	星期三	星期四	星期五	星期六	星期日
開 機 率（A）	56.78	58.71	57.37	58.45	60.85	48.54	52.66
收 視 率（B）	33.19	33.71	33.24	33.77	35.68	29.40	31.93
收視係數（C）	0.573	0.579	0.571	0.567	0.578	0.589	0.584

(1) $G = \dfrac{B}{A}$。

(2) 週一至週五，不含下午一時半至五時半時段。

　　生活作息按季節變動，是很普通的現象，其中休閒時間較工作時間和約束時間更易受到季節影響。臺灣民衆的收看電視行爲，無明顯的季節性起伏，除二月因農曆春節略爲特殊外，多天和初春收看電視反不若夏秋頻繁。一週之內，收看電視在星期五、星期六、星期日變動略大。整體看來，生活作息受到星期的影響，約與四季的影響相當。

貳、各時段季節性收視行爲變動

　　季節和星期收視活動會不會在各時段上顯現差異？爲了方便繪圖，圖十四僅就收視率，選擇較高和較低各二個月份，以瞭解一般趨勢。結果發現，無論那一個月份，各時段收視率曲線沒有太大出入。換句話說，國人在某一特定時段內的收視活動，一年四季無甚區別：中午、晚上七時、晚上八時至九時這三個時段，依然是收視高峯，星期六和星

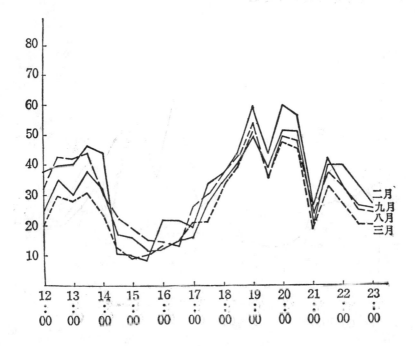

(1)下午一時半至五時半，為週六和週日平均數。

圖十四　各時段總收視率：按月份分

期日下午前段時間，依然較少人收看。就圖上有選擇的四個月份資料，

勉強可以說明兩點。第一，各月份中午時段差異稍大；第二，二月份收

視率較其他三個月份高。

　　其次，圖十五選擇星期五、星期六、星期日、星期一加以比較，除

星期日外，各時段收視型態大體相同。星期日下午一時至二時之間，收

視率高出星期六同時段百分之十以上，而且星期日三臺晚間較多娛樂性

節目，尤其是九時前後，收視率高出百分之二十左右。這是節目內容左

右收視活動的一項證據。但星期六晚間十時以後，由於第二天的工作，

一般人提前就寢，因此收視率略低於同時段的星期五和星期六 —— 當

然，這只是常識性解釋，本研究重點不在節目內容，也許真正的原因可

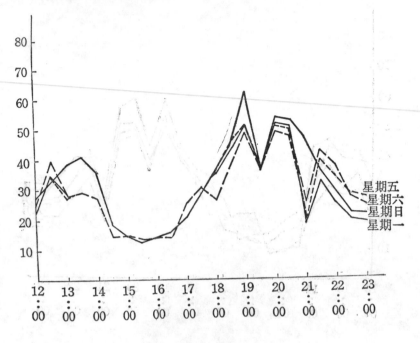

(1)下午一時半至五時半，為週六和週日平均數。

圖十五　各時段總收視率：按星期分

能是星期日收播前的節目不吸引人的緣故。

第五節　社會變遷中的收視行為

　　本研究利用現有資料作次級分析，自難以深入周全，尤其收視樣本大小和收視率計算方法是否前後一貫，可能影響研究結果，這是次級分析不能不警覺的事。另外，所謂收視行為究竟指甚麼，並無普遍獲得承認的單一指標。它可能指是否收視，也可能指收視分鐘數，甚至可能指一天中收視幾次。諸如此類的收視定義，常需借助不同測量方法，以致研究結果難以相互對照。

　　儘管如此，從長期來看，某一種測量方法只要前後一貫，將是觀察收視行爲變遷的絕佳機會。本章從電視的存在這個角度，以收視率高低分析某特定時段內國人整體的活動作息，目的在補充電視的社會效果研究甚被忽略的一個層面——生活作息——等於重新定義「社會效果」一詞。其概念上的出發點相當簡單：每個人一天總共只有二十四小時，如果他多看電視，勢必相對減少從事其他活動的時間；如果他在某特定時刻看電視，勢必不做或重新安排其他活動。電視對於外顯行爲的影響，是無可置疑的。

　　研究結果顯示：從民國六十七年到七十年這四年間，收看電視的活動，日趨普遍，且少季節性變動。但收看電視與自由時間的多寡有關，晚間收視率最高。此外，如果節目內容越偏向娛樂，收視的人數越多。

　　綜合起來，有人認爲收看電視是日常生活中無足輕重的活動，並未在本研究中得到佐證。相反的，收看電視似已成爲國人休閒生活中的主要活動，論規模、時間、持續長久，僅重要節慶差可比擬——甚至許多人參與重要節慶，竟然是透過電視作非親身的、替代式的參與，大大改變了傳統生活方式。今天，從電視上看到「北港民俗節」活動的人數，顯然多過現場實際參與者。宗教或民俗活動經過電視畫面詮釋，其意義自難與實際活動等量齊觀。電視擅於傳送某類知識和感情，認爲看電視就等於實際參與，乃是誤認「假環境」爲眞環境。個人主觀對於電視世界的理解，應是值得繼續研究的方向之一。

　　同樣的，僅從收視日趨普遍，實不能完全推翻「新奇假說」。常收看，並不表示喜歡收看。也許，今天大部分人看電視只視爲一種例行性活動，很難指認出甚麼特殊意義。可惜，這個問題仍待後續研究來解答。不過，國人收看電視沒有個人化的傾向，而是作爲家庭成員互動的方式之一，或多或少說明電視的功能並非文化中立，也非不受社會結構

約束。社會變遷過程中，究竟社會結構起了怎樣的變化，將是研究大衆
傳播媒介不能不問的問題。

第九章 邁向社會理論

談大衆傳播與社會變遷， 基本上是在討論究竟係大衆傳播影響社會，還是社會影響大衆傳播。本書根據這方面文獻，把大衆傳播與社會變遷的關係，歸納在三個主題之下：國家發展、大衆文化、知識分配，試圖爲這個廣受爭議的學術範疇，剖析理論脈絡，爲未來研究舖路，並未打算替大衆傳播和社會變遷的因果關係蓋棺論定。

實際上，要得到明確的結論尚嫌過早。我們所知道的現代大衆傳播媒介，歷史不長，發展又迅速，其社會角色仍待認定。更何況，我們如何瞭解社會現象，常常要視我們問甚麼問題而定。

這種情形在討論大衆傳播與社會變遷的關係尤其明顯。以國家發展爲例，早期學者和決策人士所問的問題是「大衆傳播媒介能爲國家的低度發展做甚麼？」晚近的討論，卻演變成「大衆傳播媒介未能促成國家發展，原因在那裏？」

這些林林總總不同的問題， 都替這個學術園地提出了不同的 「典範」，每一個「典範」都解答了一些疑惑， 留下更多問號。綜合起來，卻仍未能替大衆媒介的社會角色描出明晰的輪廓。在國家發展方面，大

衆傳播媒介被視爲一種工具——是邁向現代化的工具，也是帝國主義的工具；在大衆文化方面，大衆媒介被視爲一種社會制度——是反映社會的鏡子，也是左右社會關係的動力；在知識差距方面的討論，大衆媒介只是配角，社會結構才是訊息產生意義的主要關鍵。

除了問甚麼問題，問題本身定義紛淆，是引起混淆的另一個原因。以言效果，在國家發展方面始終纏着傳授知識、改變態度和行爲；在大衆文化方面，則多指價值觀念和意識型態；在知識差距方面，幾乎全在資訊分配上落墨。對於效果，看法出入這麼大，也就難怪大衆傳播研究的文獻，塞滿了五花八門的模式和理論。

儘管如此，我們從社會變遷的觀點抽絲剝繭，依然可能爲大衆傳播的學術思潮理出一個概略頭緒。國家發展這個話題，如果以六〇年代末期爲分野，似可勉強指出後期大爲倚恃結構理論，加爾東 (Galtung, 1971) 的「帝國主義的結構理論」一文可爲代表。至於大衆文化研究，歐洲一地雖未蔚爲主流，但具有濃厚的社會意識意味，自不待言。而知識平等的研究，無論歐美，自始卽環繞在社會結構上。這些跡象，無異向研究大衆傳播與社會變遷的人提出一項觀念上的挑戰：我們究竟要致力追求大衆傳播理論，還是追求社會理論？

本書第五章到第八章以臺灣爲背景的四個研究，局部涵蓋了前三章關於國家發展、大衆文化、知識差距的理論性囘顧，目的就在片面檢討這些理論在臺灣的適用程度。當然，這四個研究充其量只提出若干資料，不太可能得到明白具體的結論。不過，這些有限的資料未能支持某些理論，亦可解釋爲臺灣的社會結構具有獨特性質，致使大衆傳播媒介表現了有異於其他社會的功能。

大衆傳播媒介如何在臺灣的中國社會裏表現其明顯功能和潛在功能，固然有待探討，中國社會結構的性質，更需詳加分析。三十多年

來，臺灣經歷了重大社會變遷，由傳統農業社會迅速邁向工業化，但無論社會關係或家庭型態，似乎或多或少保留了中國社會的若干傳統，並未完全轉變成工業社會理論上所具有的典型結構，故分析大眾傳播媒介的角色和功能，實不宜移植外來理論模式。

傳統的傳播研究，侷限於傳播本身，鮮少顧及其他社會科學的發展，這是晚近這個領域痛切反省所得的一個教訓。傳播研究邁向社會理論的呼聲，此起彼落（朱立，民六七；Carey, 1977; Golding & Murdock, 1978; Holloran, 1982; McAnany et al., 1981）。困難在於研究大眾傳播與社會變遷，除了需要分別蒐集大眾傳播和社會兩套資料，這些資料還需是時間序列的。傳播研究還缺少社會學家林德夫婦（the Lynds）「中鎮」（Middle Town）和「重返中鎮」（Middle Town Revisited）之類的著作。如果墨頓重返羅維里，事隔三十餘年，將可發現不僅物是人非而已。

很幸運的，在臺灣第一個有關大眾傳播與社會變遷的長期研究，即將完成報告。朱謙和漆敬堯在臺北市木柵區和臺北縣深坑鄉研究電視，前後相距十年，預料將可提供極有價值的參考資料。即令如此，我們實不能寄望少數此類研究就能夠解答大眾傳播與社會變遷的關係，因為很可能其他力量才是改變兩者關係的眞正原因。堅持要從大眾傳播與社會之間找出關係，其後果正如貓追逐自己的尾巴。所以，建立中國的社會理論，才是根本之圖。

本書並沒有為大眾傳播與社會變遷提出任何結論。困難是多方面的。這個領域需要許多人投注心力，庶幾可望累積知識。懷海德（Alfred North Whitehead）說得好：「從科學歷史可知：幾近於眞正的理論，與正確運用理論，乃截然不同的兩回事。每一件重要的事，總有人說過在先，但這些人卻未曾察覺。」

這段話用在社會科學更為真切。 多少人嘗試過建立社會的科學理論，以「定理」或「法則」詮釋人類社會現象，時過境遷，我們仍然只有特殊歷史事件的解析，沒有一以貫之的科學理論，原因正在於每個社會的結構和過程都是獨一無二的。本書一再說明社會的獨特結構，不但使傳播的運作形成特有型態，也說明這個社會的人理解和表達傳播內容乃在社會情境中產生，因此，傳播研究的任務，不僅在指認傳播內容的意義，而且在分析建構、詮釋這些意義的過程和情境。如果有這樣一個社會理論的話，它可能是純粹中國的，不適合於其他社會。

這並不否定大眾傳播媒介的特性。印刷媒介也罷，電子媒介也罷，就像任何新的科學技藝，本身具有一套自成一格的文法結構，無論在那個社會，都長於傳達某一類大體類似的訊息，傳統的大眾傳播研究者知之甚稔；但訊息的意義卻是經社會建構、由社會賦予的，這是他們忽略的地方。

最後，本書雖然也嘗試替大眾傳播和社會變遷的關係在臺灣添加幾個註腳，充其量只不過指出若干線索，自有待來日繼續耕耘。臺灣正大步邁向工業化、現代化，這個中國社會的結構如何變遷，或許是首先要解答的問題。

附錄一　世界資訊新秩序大事年表

主要資料來源: The Establishment of A New International Information
Order, Institut für Internationale Begegnungen, Bonn, Octor 1978.

一九四五年（聯合國宗旨）

第二條: 基於尊重各國人民平等和自決之原則，促進各國友好關
係，並採取適當措施，加強世界和平。

（聯合國教育、科學暨文化組織章程）

第一、二條A項……敎科文組織將透過各種大衆傳播方法，增進
各國人民相互瞭解。爲達成此一目標，建議締訂國際協議，以文字
和影像促成觀念的自由流通。

一九四八年（環球人權宣言）

第十九條: 人人具有意見和表達的自由權。此一權利包含擁有意
見不受干預及透過各種媒介尋求、接收、發送消息和觀念的自由，
不受疆界限制。

一九五九年（國際電訊聯盟規章）

第四二三條: 原則上，除三九〇〇至四〇〇〇千赫頻率帶之外，
廣播電臺使用的頻率如低於五〇六〇千赫或高於四一兆赫，則不應
採用高於在當事國內維持良好服務品質之電力。

一九六一年（聯合國經濟社會理事會）

「在發展中國家研究大衆媒介」建議第五項: 建議已發展國家的
政府，與較未發展國家合作，期能滿足較未發展國家從速建立獨立

的全國資訊媒介之緊急需要，同時兼顧每一國家的文化……。

　　第六項：低度發展國家的政府，在檢討關稅和財政政策時，或應顧及促進資訊媒介發展和國內、國外資訊自由流通的問題。

一九六二年（聯合國大會第一八〇二之四號決議案「衛星傳播」）

　　衛星傳播造福人類至鉅，因衛星擴展了廣播、電話、電視的傳遞事宜，促進世界各國人民交流。

（聯合國教科文組織「人造衛星的影響」決議案）

　　一九六二年十二月，聯合國教科文組織全體會議授權研究「全球性傳播使用人造衛星這種新技術的影響」，因其有可能實現聯合國教科文組織的重要目標……。

一九六三年（同步衛星二號）

　　第一個商用人造衛星「電星一號」，於一九六二年七月十日射入軌道。

　　一九六三年二月十四日，「同步衛星一號」進入正確的同步軌道，但數分鐘後焚毀。同年七月，「同步衛星二號」發射成功，證明了同步衛星通訊的實用性。一九六四年，國際通訊衛星公會成立。

　　一九六五年四月六日，「國際通訊衛星一號」（「晨鳥一號」）射入大西洋上空。

一九六四年（聯合國教科文組織全體會議授權召開太空通訊會議）

　　全體會議責成教科文組織理事長邀請專家，集會討論太空通訊的原則和長期計劃大綱。

　　會議於一九六五年底在巴黎召開，不同學科的專家呼籲教科文組織研究太空通訊在促進資訊自由流通、教育推廣、文化交流方面所遭遇的問題。

　　這一計劃下，另於一九六八年在巴黎召開教科文組織專家會議，

與會者爲各地區廣播機構代表。

一九六九年（教科文組織太空通訊會議）

　　六十一國的政府代表出席，咸認未來通訊衞星系統的發展，在廣播方面應促使全球影像新聞的流通更爲平衡，特別是來自、送往發展中國家的新聞採訪資料。

一九七〇年（聯合國大會通過第二個爲期十年的「國際發展計劃」）

　　三、雖然世界有部分人生活舒適，甚至可說是富裕，但大部分地區生活貧困，不忍卒睹，而貧富懸殊正在擴大之中。

　　九、國際間對於發展一事的合作程度，須與問題本身密切配合。局部、零星或未盡全力，卽使立意良好，也難成事。

　　八十四、這十年裏，基本工作之一，是動員發展中和已發展國家的民意，以支持十年計劃的目標和政策。

（安理會全體會議決議案四之二十一）

　　責成安理會理事長協助各會員國確立大衆傳播媒介政策。

一九七二年（教科文組織「太空廣播宣言」）

　　第二條：衞星廣播應尊重各國主權和平等。衞星廣播應是非政治性的……。

　　第五條：在資訊自由流通方面，衞星廣播的目標是確保有關各國的新聞，傳送愈廣愈好。

　　第九條第二款：商業廣告的傳送，應受發送國和接收國之間特定協議的約束。

　　同年，聯合國大會通過教科文組織「太空廣播宣言」。

一九七三年（不結盟國家第四屆高峯會議——阿爾及爾）

　　……發展中國家應在大衆傳播方面採取一致行動，以促進彼此之間觀念的更頻繁交流……殖民時代留下來的現有傳播通道，妨碍了

彼此之間自由、直援、快速的溝通，應予整頓。

一九七四年（教科文組織「大衆媒介的角色宣言」草案）

第一條第一款：大衆媒介傳遞資訊和意見，有責任遵循各國及其人民相互尊重彼此權利和尊嚴的原則。

第三條：由於新聞雙向流通對於促進和平與國際瞭解至為重要，各國及其資訊媒介有權把自己國家的消息傳送到別的國家。

第十條：各國在權限之內從事國際大衆傳播活動，應受國際法和國際協定管制。

聯合國大會通過「建立國際經濟新秩序」決議案。

一九七五年（教科文組織「使用大衆媒介會議」）

第四條：應基於相關的協議，特別重視發展中國家全國性大衆媒介的建立、進步、人員訓練，以便矯正當前資訊流通不利於這些國家的現象，期能實現全世界資訊交換均衡。

第十條：國家、機構或團體，凡認為錯誤的新聞報導損及他們促進和平與國際瞭解的行動，應能透過大衆媒介訂正新聞報導。

（「歐洲安全與合作會議」——赫爾辛基）

最後決議：與會各國……同意促進各種資訊更自由、更廣泛的流通，加強與其他國家資訊合作和資訊交換，改善新聞記者在另一個與會國從事專業工作的環境……。

一九七六年（教科文組織「拉丁美洲傳播政策會議」——哥斯大黎加）

最後報告……強調本地區急需以「平衡流通」取代「資訊自由流通」。

建議事項一：會議……確認「資訊自由流通」的原則並不適用，除非所有國家能平等接觸資訊來源，以及以平等立場參與國際資訊通道的控制和使用……。

　　建議會員國……制定政策、計劃或法律，期使國內和國際間更均衡的傳播關係得以實現。

　　建議事項二十七：確知資訊自由流通極爲不平衡會損及人民的文化認同，除非各國採取措施予以矯正，此一情勢不致改變。

（不結盟國家傳播政策硏討會——突尼斯）

　　結論：由於世界資訊不平衡，有利於某些國家但不利於他國，改變此一情勢以取得非殖民化資訊，以及倡導新的國際資訊新秩序，是不結盟國家和其他發展中國家的責任。

（不結盟國家新聞部長會議——新德里）

　　一、會議注意到：㊀當前世界資訊流通極不合理，不均衡；㊁此一情勢將延續殖民時代的依附和主宰關係。

　　二、會議決議：爲了繼續和加強不結盟國家新聞通訊社的合作事宜，決定通過不結盟國家新聞通訊社聯合作業章程。

（不結盟國家高峯會議——可倫坡）

　　高峯會議……關懷「殖民時代遺留迄今的不結盟國家和已發展國家之間日漸擴大的傳播差距」，並強調「世界資訊新秩序與國際經濟新秩序同等重要」。

一九七七年（美國第九十五屆國會參議院　「國際傳播的條例和管制報告」）

　　多年來，蘇俄在多種場合一直試圖促成一項國際性文件，明文規定各國有權控制傳出和傳進其國家的資訊……。

　　開放社會致力於各種資訊自由流通，與第二、第三、第四世界受到控制的社會之間的基本衝突，已引起熱烈的討論和行動……。

　　那些相信資訊控制是唯一合理政策的國家，仍在聯合國敎科文組織支持下採取行動。

資訊管制原則如果延伸到一九七七年世界無線電會議，勢將嚴重傷害資訊不分國界自由流通的觀念。

（歐洲協會大衆媒介委員會報告草案）

資訊自由流通乃是一個全球性原則。對於歐洲協會會員國而言，此一原則不辯自明。

一九七八年（聯合國教科文組織「運用大衆媒介促進和平，增進國際瞭解，對抗戰爭宣傳、種族主義、種族隔離政策」宣言草案）

第一條：爲增進和平與國際瞭解，須使正確、完整、客觀的資訊能夠自由、互惠、平衡的流通。

第五條：國家、機構、個人凡認爲已發布、流傳的資訊嚴重傷害他們增進和平與國際瞭解的努力時，其所提供的事實的不同說明，應由大衆媒介加以報導。

一九八〇年（聯合國教科文組織「馬克布萊報告」）

（見本書第二章第一節「歷史背景」；「馬克布萊報告」摘要和有關的反應，見 Whitney and Wartella, 1982）

一九八二年（聯合國教科文組織會議——巴黎）

通過世界資訊新秩序方案，目標是透過較佳的傳播、新聞記者訓練和降低對西方媒介的依賴，以促進第三世界大衆媒介發展。西方世界則擔心此一方案可能導致新聞檢查。

（聯合國大會決議）

衛星直接轉播應尊重各國主權，符合「不干預」和尊重個人尋求、接收、傳送消息和觀念的權利之原則。

附錄二　殷尼斯的大衆傳播與社會變遷理論

　　加拿大政治經濟學者殷尼斯 (Harold Adams Innis) 有關社會變遷的著作，生前並未得到學術界重視。他在三十年代和四十年代出版的幾本書，已經談到「依附理論」以及「核心——邊陲」概念，南美洲學者遲至六十年代末期才討論這些問題，不知道是沿襲殷尼斯，還是巧合。

　　殷尼斯爲人所知，可能要歸功於他的「精神門徒」麥克魯漢(Marshall McLuhan)。麥氏的著作像「媒介就是訊息」、「機械新娘」，可以很明顯找到殷尼斯的影子。殷尼斯的著作，經麥氏整理，重新出版，才引起各界重視。不過「傳播歷史」(History of Communication)數册，仍由親友整理中，迄未問世。

　　殷尼斯涉獵的範圍極廣，不僅限於大衆傳播與社會變遷而已。然而他早期關於加拿大經濟和政治發展的研究，實際上爲廣義的傳播研究提出了極其壯濶的歷史和社會架構，再度說明傳播研究有必要邁向社會理論，有必要從其他學科汲取養份。說他是一位大衆傳播理論先驅，似不爲過。

　　殷尼斯的著作，目前已成爲學術界註解、詮釋、闡揚的對象。就筆者所知，至少有下列三本專書：

一、Creighton, Donald (1975) Harold Adams Innis:portrait of a scholar. Toronto: University of Toronto Press.

二、Robinson, Gertrude Joch and Donald F. Theall (1975)

Studies in Canadian communications. Montreal: Programme in Communications, McGill University.

三、Melody, William H. (1981) Culture, communication and dependency: the tradition of H. A. Innis. Norwood, N. J.: Ablex.

由於殷氏著作博大繁複，目前尚難具體指出他的大衆傳播 與 社會變遷理論是甚麼。 本附錄摘譯美國賓夕法尼亞大學傳播學院梅樂地 （Melody） 在前述第三本書的「引言」一文，或可作爲瞭解殷尼斯的踏腳石。

本引言簡述殷尼斯著作的重要主題， 爲原書其後各篇文章說 明 背景。這篇摘要並不完整，也未列入殷尼斯在其他方面的重要著作，只是物讀過殷氏作品的人作概略瀏覽，另替將來有意閱讀殷氏作品的人作初步介紹。原文摘譯如下：

土產資源與發展

殷尼斯是加拿大經濟史學者，一九二三年發表「加拿大太平洋鐵路史」(A History of the Candian Pacific Railway)，是書說明加拿大因爲經濟和政治目標的需要而擴張交通和傳播系統，卻影響了西部開拓。他認爲這是加拿大工業化的濫觴。一九三〇年「加拿大的毛皮貿易」(The Fur Trade in Canada) 一書， 他描述運河和鐵路交通系統的基本發展條件，以及煤、鐵、小麥、關稅制度導致工業化的種種特徵，也解釋加拿大的發展如何受到歐洲毛皮需求、加拿大獨特的地理環境、引進技術開採土產資源的影響。在是書和其後著作中，殷尼斯逐漸蘊育了今天我們所知的「土產假說」(staple thesis)：地區性開發經常只滿足了主要權力中心，因其剝削了這個地區的土產（天然）資源，結

果造成這個地區不穩定和畸形發展，並依附於權力中心。殷尼斯的結論是:「加拿大經濟史，在在顯示西方文明的核心和邊陲之間的岐異。」

殷尼斯在一九四〇年出版「鱈魚業: 國際經濟史」(Cod Fisheries: The History of an International Economy) 一書，擴大觀察領域，涵蓋了機械工業如何影響對外圍地區的土產資源剝削。他探討技術變革對於發展的廣泛連帶關係，並開始檢視英國和美國等帝國所以擴張勢力的根本因素。

加拿大的經濟，到如今依然是土產經濟，它依然是西方文明邊陲的一個地區。在採礦、漁業、紙漿、電力、穀物、水力和其他資源之外，當前有關輸油管輸送石油和天然氣到美國，問題的演變，與當年運送毛皮前往歐洲這段再三重演的歷史，幾乎如出一轍。今天，世界許多發展中國家，瞭解他們的經濟是土產經濟，極端仰賴大然資源，處於西方文明邊緣。殷尼斯的論著，不但適用於加拿大，也適用於這些國家。

傳播技藝

殷尼斯的著作明白指出，剝削外圍地區的土產資源和擴張帝國勢力，需有運用自如的傳播系統。加拿大的發展方向和速度，與水道、鐵路、電報路線息息相關。帝國的地理疆界，決定於有效傳播系統的發展程度。從歷史來看，運輸和傳播技藝變遷，常大大改變了帝國擴張的可能性。

殷尼斯注意到機械化傳播，曾逐一討論印刷術、出版業、大衆傳播。他認爲，商業化印刷業急遽成長和強調新聞自由，有利於加強知識壟斷、加深有偏差的觀點。

殷氏提出的問題，今天依然存在。新聞界的壟斷逐漸升高，愈來愈多的城鎮只有一家報紙。我們收到的新聞，大部分來自一兩家國際性新

聞通訊社。加拿大政府擔心電視節目中的偏見以及各種大衆媒介有關加拿大的內容比率甚低。將來衞星傳送付費電視節目，由於用戶直接接收美國節目，致使加拿大文化界和廣播界憂心忡忡。許多第三世界國家也關心大衆傳播內容滲入他們的社會。殷尼斯雖未親睹加拿大電視或衞星的發展，然而他著作中許多見地，用在今天的傳播政策問題上，仍足發人深省。

傳播與帝國的擴張

最後，殷尼斯把探索範圍推展到加拿大以外，研究傳播歷史，對於傳播系統在擴展帝國勢力方面的角色，用力尤勤。他認爲任何社會裏的傳播媒介，都會左右社會組織型態和人際結合方式。新傳播媒介會改變社會組織型態，創造新的結合方式，蘊育新的知識，也常會轉移權力中心。他說，傳播技藝是其他所有技藝的核心。

對殷氏而言，任何媒介都有「偏倚」（biased），因其有助於長期的控制或廣大地理空間的控制。一九五〇年「帝國與傳播」（Empire and Communications)和一九五一年「傳播的偏倚」(The Bias of Communication) 兩書，均針對這些問題。他聲稱，古代社會使用的羊皮紙、黏土、石頭等媒介，可以長久保存，但難以運送。這些特性，有助於時間控制，但不利於空間控制。這種媒介是「時間偏倚」（time-biased)。至於紙，量輕，易於運送，但不易長久保存。用這種媒介傳送消息到遠方，可以治理廣大的地理空間，故爲「空間偏倚」（space-biased) 媒介（譯註：殷氏只解釋媒介的時間和空間特性，未使用「時間偏倚」、「空間偏倚」字眼，想係後人從「傳播的偏倚」一書書名得來。其他學者則稱之爲 time-binding 和 space-binding，見 Carey 在前述 Robinson & Theall 書中的文章）。

從文化觀點來看，「時間偏倚」傳播媒介盛行於傳統社會。這種社會重視習俗、守成、社區、歷史事物、神聖事物、道德，其社會穩定，社會秩序由上而下層次井然，壓抑個人主義以防範變遷，但容許個人以語言充分表達人類各種豐富的情感。「時間偏倚」傳播系統存在於具有豐富的口語傳統，或具有精巧書寫技術卻掌握在少數特權份子手中的社會裏。

「空間偏倚」傳播媒介本質上傾向於現在和未來，有利於擴張帝國、提高政治權威、創造世俗性制度、發展科學和技術性知識。此社會中，遍佈著資訊交換系統和大眾傳播系統，效率高，但無法傳達口語傳統的濃郁、繁多、伸縮自如的特性。現代的印刷、電話、廣播、電視等媒介，均屬「空間偏倚」媒介。

殷尼斯的結論如下：傳播媒介視其偏倚，或透過教會訓令、道德規範賦與少數人壟斷宗教權威和知識，或透過技術性程序和民事法規賦與少數人壟斷政治權威和知識。時間偏倚或空間偏倚傳播方式兩者之一若受到過份強調、壟斷，是帝國興衰的主要動力。偏倚產生不穩定，只有在時間和空間偏倚得以透過某些機能而保持平衡時，社會才可能穩定。殷尼斯認為，古希臘盛世，乃是口頭傳統的時間偏倚與書寫文件易於運送的空間偏倚兩者均衡調和所致。

今天，傳播技術快速發展，衛星、電腦和其他精密通信設備，使全球即時傳播成為可能，也使帝國向太空擴張。現代科技的確為現代傳播引進了明顯的空間偏倚。

晚近若干傳播研究的文獻宣稱，未來勢力和帝國的擴張，不再是軍事對峙的結果，而是爭奪傳播環境控制權的結果。許多發展中國家，刻正籌劃建立現代電信系統和大眾傳播系統。這些國家中，有些已採取政策，限制來自國外的傳播；聯合國也一再爭論有關國際資訊流通的範圍

和限制等問題。

現代傳播技藝具有空間偏倚性質，是否就表示帝國擴張，未來動亂不安？ 如果是， 要怎樣才能恢復時間偏倚和空間偏倚的平衡， 以求穩定？殷尼斯說：「政府能否發展一套系統，以查核傳播偏倚，同時也評估時間和空間的重要程度，將是帝國和西方世界有待解決的難題。」

殷氏著作的共同基本觀念

殷尼斯許多著作，有一共同的理論架構貫穿其間，但要辨明殷氏的理論，必須不拘泥於枝節。殷氏的研究方法，是演繹分析法，幾乎不用抽象的歸納法談理論。他的研究，深入詳盡，用力極深，寧可呈現大量事實讓人去瞭解問題的脈絡和前後關係，不願歸納通則或建構高層理論。

這樣一來，研究殷氏作品的學者，有些專事展現殷氏作品的理論一貫性，有些則視殷氏的理論架構不過形同一灘羅氏墨跡測驗(Rorschak ink-blot test)而已，解釋因人而異，並未得殷氏真髓。大多數讀者會發現殷氏的作品約略介於這兩種極端立場之間某處。研究殷尼斯，實是殷尼斯和讀者之間的一種神交意會，一方面有賴於殷氏詳盡的敍述性分析和解析性洞察力兩者相互迸發，另一方面則有賴於讀者自己的知識、經驗和詮釋能力。

無論如何，有若干基本觀念貫穿其作品間，表現了他從事研究時所採取的獨特方式， 值得在此一提。 殷尼斯採取凌空鳥瞰手法，與他同時代大多數社會科學研究——甚至與他過世四分之一世紀後的當今學者——大異其趣。他關心的，是瞭解總體社會系統 (macro-social systems) 和發展過程。他治加拿大經濟史，卻不囿於加拿大，而是剖析加拿大在國際政治經濟系統中的角色。同樣，他研究傳播技藝，重點擺

在傳播技藝如何影響全球各個社會和文明的演變。

　　姑不論系統的觀點，殷尼斯對於詳盡研究歷史的發展，可謂情有獨鍾。對他而言，要瞭解大系統的性質和演變過程，只有求諸澈底研究事件本身和其相關現象，才能提供資料說明這些事件的特質、情境、關聯、互動狀態。

　　關於發展過程，殷尼斯認爲多因社會中某些力量互動的獨特型態而演變，情況極端複雜。他特別注意環境限制以及地理、空間、時間對發展過程的影響。他研究重要社會制度──尤其是經濟制度和政治制度──如何演變，以辯證分析法研究各種力量的衝突、互動和後果。

　　殷尼斯特別注意工業生產方式和技藝變遷的影響。重大技術變革會瓦解原有社會結構和社會關係，後果深遠流長。殷尼斯觀察遽變的性質，歷陳其後果。

　　他的許多著作，都討論到系統或過程如何保持均衡的問題。當時，學者大多著重在討論經濟發展的最佳條件，殷尼斯卻致力於瞭解不衡狀態之下的關係，以及平衡狀態如何衍生動亂。他日後更進一步研究平衡社會系統中的變動、不穩定、不合理情事。

　　加拿大的經濟環境，仰賴英國於先，依附美國於後，使殷尼斯格外注意市場關係。他認爲，經濟市場並非僅僅是買賣雙方交換財貨的一個集合體而已。市場只是整體系統的一部分，牽涉到其他制度，有一定的情境、歷史、關係。市場價格在某一時間內可能決定供給數量，但不能說明地區與地區之間，國家與國家之間整體市場關係的全貌。經濟優勢地區和經濟外圍地區的市場關係如何，對雙方影響大不相同。核心地區的效率和穩定，可能必須以外圍地區的依附和不穩定爲代價。這種對於市場關係的看法，比起抽象的市場理論，更令殷尼斯能夠通盤瞭解加拿大經濟發展狀況。

殷尼斯著作的當今意義

殷尼斯研究社會的方法，與過去四分之一世紀社會科學主流大相逕庭。一般趨勢是把社會科學以人爲方式劃分成支離破碎的學門，強調小型而抽象的理論建構和偏狹的實證研究。殷尼斯的著作博大浩瀚，難以歸入單一社會科學學門。當代社會科學追求高層理論、數理分析、偏狹的實證性嚴謹，而殷尼斯在總體社會系統的情境下，以歷史觀點深入研析各種制度，難怪未受學術界青睞。

殷尼斯早期經濟史著作，所以被視爲與後來有關傳播的著作毫不相干，文人相輕是主要原因。當今經濟學家看他的經濟史著作，爭辯「土產假說」，卻在範圍更爲窄狹的經濟學分析架構內打轉；詮釋他的傳播研究的——多屬人文學科者——則強調殷氏著作中的文化和人文層面。因此，早期和晚期殷尼斯所以不同，泰半是詮釋者有以致之。

他的傳播研究，所談的資源不是毛皮、漁獲、小麥或鐵路運輸，而是傳播系統和此系統內技藝變革對於社會的長期影響；焦點不在加拿大處於國際經濟系統中的角色，而是傳播技藝與古代文明發展軌跡的關係；他的方法不是檢視大量事實、田野調查、訪問、蒐集原始資料，而是周詳研判有關古代文明的大量第二手資料。最後，殷尼斯在傳播研究中，確較重視文化和人文層面，但即使在經濟研究中，他也沒有加以漠視。只是經濟學者詮釋他的作品，常忽略文化和人文成份，人文學者詮釋他的傳播研究，卻常忽略經濟層面。

令人欣慰的是，至少在少數領域內，社會科學分崩離析的局面日漸消失，科際研究乍現端倪，學術界愈來愈體認到偏狹的化約式分析（reductionist analysis）無異隔靴搔癢，觸不到問題所在。年輕一代的研究人員，逐漸注意凌空鳥瞰和系統分析。此一歷程甚爲漫長，然而

社會科學終究開始走上殷尼斯多年前走過的道路。

　　過去四分之一世紀，我們已知道經濟和傳播傳統研究典範，有其弱點缺失，不足以解答發展問題，尤以在尚未工業化、「現代化」的社會裏爲然。兩類典範截然分離，致使經濟學和傳播的理論和模式互不相屬，甚至無法兩立。經濟發展的研究和傳播與發展的研究，彼此殊少增益，主要原因是漠視對方——經濟發展模式忽略了基本的傳播和資訊層面，而傳播與發展模式則忽略了基本的經濟層面。

　　殷尼斯所以在同時代學者中卓然自立，乃因他體認經濟和傳播之間渾然一體。他指出，傳播型態和資訊流動是經濟發展的核心，傳播技藝是經濟系統中其他技藝的基石；而經濟誘因和市場機能對於傳播型態和資訊流動也有重大影響，分析傳播與發展的關係時，不能不加顧及。

　　身爲世界最現代化的開發中國家，加拿大今大的處境頗爲尷尬。一方面屬於高度工業化社會，舉先發展電信技術——即有助於帝國擴張的空間偏倚技藝，另一方面則遭遇了開發中國家的一切難題。加拿大一向依附於英國和美國，左右其經濟發展方向的主要力量，是美國經濟政策和控制加拿大經濟的多國公司的決策。加拿大依然在世界經濟系統邊陲提供天然資源。

　　加拿大領先發展電信技術，卻成爲空間偏倚技藝的主要犧牲者。有這些傳播技藝，美國的傳播內容才可能侵入加拿大。經由傳播，加拿大已淪爲他國的文化殖民地。這樣看來，加拿大在世界經濟系統和傳播系統中的角色，正是闡揚殷尼斯學說的活生生實驗室。

參考書目

壹、中文部分

于洪海（民六一）目前臺北市主要日報新聞內容雷同度及原因。臺北：國立政治大
　　學新聞研究所碩士論文。

朱立（民六七）「開闢中國傳播研究第四戰場」，報學，六卷一期，頁二十～二十
七。

　　朱岑樓、胡薇麗合譯（民六三）成長的極限。臺北：巨流。

行政院經濟建設委員會（民七十）社會福利指標。臺北：行政院經濟建設委員會。

李金銓（民七十）大眾傳播學。臺北：國立政治大學新聞研究所。

李海倫譯（一九七八）明日的通訊。香港：今日世界出版社。

李瞻（民六七）我國電視系統與政策之研究。臺北：行政院研考會專題研究報告。

何欣譯（民七十）邁向現代化。臺北：黎明。

余也魯（一九八〇）門內門外。香港：海天書樓。

周文同（民七十）「廣告事業十年來的發展」，中華民國新聞年鑑。臺北：臺北市
　　新聞記者公會，頁一三九～一四七。

明德基金會（民七十）生活素質層面之探討。臺北：明德基金會生活素質研究中心。

──（民七十）社會指標導論。臺北：明德基金會生活素質研究中心。

──（民六八）「法治、共識與政治發展」，時報雜誌，第一期，頁三～六。

──（民七十）從傳統到現代。臺北：時報公司。

易行（民六四）傳播活動的深度對個人現代性的影響。臺北：國立政治大學新聞研
　　究所碩士論文。

徐佳士譯（民六一）大眾傳播的未來。臺北：臺北市新聞記者公會。

──（七一）迎接「藝者有其媒介」的時代，民生報，九月十二日。

———楊孝濚、潘家慶（民六四）臺灣地區民衆傳播行爲研究。臺北：行政院國科會六十三年度專題研究報告。

———潘家慶、趙嬰（民六六）改進臺灣地區大衆傳播國家發展功能之研究。臺北：行政院國科會六十五年度專題研究報告。

徐惠玲（民七一）我國報紙議題設定功能之研究——以69年增額中央民意代表選舉政見爲例。臺北：國立政治大學新聞研究所碩士論文。

曹俊漢（民六九）「評析韓廷頓對開發中國家暴亂、改革與革命的看法」，中國時報，五月十日。

陳以瑚（民七一）臺北市民收看電視動機之研究。臺北：國立政治大學新聞研究所碩士論文。

陳世敏（民七十）「近三十年來我國的廣播電視」，教育資料集刊，第六輯，頁二〇三～二二四。

郭俊良（民六九）編輯部的守門行爲——一個「組織」觀點的個案研究。臺北：國立政治大學新聞研究所碩士論文。

郭振羽、羅依菲合譯（民六七）當代社會問題。臺北：黎明。

郭陽道（民六八）新聞媒介「議題設定」功能之研究——以大學生認知中美關係調整問題爲例。臺北：國立政治大學新聞研究所碩士論文。

楊惠娥（民六九）臺北市國小高年級學童收看電視益智猜謎節目動機之研究。臺北：國立政治大學新聞研究所碩士論文。

葉國超（民七十）社區居民接觸社區報紙與其社區整合的關係。臺北：國立政治大學新聞研究所碩士論文。

漆敬堯（民七十）「十年來報業發展」，中華民國新聞年鑑，頁四九～五二。

賴金波（民六一）「臺灣經濟發展對報業之影響」，報學，四卷九期，頁五一～六四。

蔡文輝（民七十）社會學理論。臺北：三民。

——（民七一）社會變遷。臺北：三民。

蔡英文譯（民七一）帝國主義。臺北：聯經。

蔡啓明譯（民七十）發展理論的反省。臺北：巨流。

顏伯勤（民六三）臺灣廣告量研究。臺北：華欣。

——（民七一）「去年廣告量成長遲緩」，工商時報，二月二十二日。

貳、英文部分

Adorno, T.W. and M. Horkheimer (1981) "The culture industry: enlightenment as mass deception," in James Curran, Michael Gurevitch and Janet Woollacott (eds.) mass communication and society. London: Arnold, pp. 349-83.

Allen, Irving Lewis (1977) "Social integration as an organizing principle," in George Gerbner (ed.) mass media policies in changing cultures. N.Y.: John Wiley pp. 235-50.

Amin, Samir (1974) Accumulation on a world scale. N.Y.: Monthly Review Press.

——(1976) Unequal exchange. N.Y.: Monthly Review Press.

Bagdikian, Ben H. (1971) The information machines: their impact on man and media. N.Y.: Harper & Row.

Barber, Bernard (1975) "Toward a new view of the sociology of knowledge," in Lewis Coser (ed.) the idea of social structure: papers in honor of Robert K. Merton. N.Y.: Harcourt Brace Jovanovich, pp. 103-16.

Barnet, Richard J. and Ronald E. Muller (1974) Global reach: the power of multinational corporations. N.Y.: Simon and Schuster.

Barran, Paul (1967) The political economy of growth. N.Y.: Monthly Review Press.

Bates, A.W. (1983) "Adult learning from television," in M. Howe (ed.) learning from television. London: Academic Press; also IET Paper no. 189, the Open University, Milton Keynes, England.

Baumann, Zygmunt (1972) "A note on mass culture: on infrastru-

cture," in Denis McQuail (ed.) sociology of mass communic-
ations. London: Penguin, pp. 61–74.

Becker, Lee B. (1982) "The mass media and citizen of issue
importance: a reflection on agenda-setting research," in D.
Charles Whitney and Ellen Wartella (eds.) mass communication
review yearbook, volume 3. Beverly Hills, California: Sage,
pp. 521–36.

Bell, Daniel (1962) The end of ideology. N.Y.: Collier.

——(1973) The coming of post-industrial society. N.Y.: Basic
Books.

Belson, W. (1967) The impact of television. Hamden, Conn.:
Archon Books.

Bennett, Tony (1981) Popular culture: themes and issues (2).
Milton Keynes, England: the Open University Press.

——(1982) Popular culture and hegemony in post-war Britain.
Milton Keynes, England: the Open University Press.

Berelson, Bernard (1959) "The state of communication research,"
Public Opinion Quarterly. 23: 1–6.

Berger, Peter (1974) Pyramids of sacrifice……political ethics and
social change. N.Y.: Basic Books.

——and Thomas Luchman (1971) The social construction of reality:
a treatise in the sociology of knowledge. London: Penguin.

Berlo, David (1968) Mass communication and the development of
nations. East Lansing: Michigan State University International
Communication Institute.

Bigsby, C.W.E. (1975) Approaches to popular culture. London:
Arnold.

Blau, Peter M. (1975) "Structural constraints of status comple-
ments," in Lewis A. Coser (ed.) the idea of social structure:
papers in honor of Robert K. Merton. N.Y.: Harcourt Brace
Jovanvich, pp. 117-38.

Blumler, Jay G. and Elihu Katz (1975) The uses of mass com-
munication. Beverly Hills, California: Sage.

Bogart, Leo (1972) The age of television. N.Y.: Fredirick Ungar.

Bogatz, G.A. and S. Ball (1971) The second year of Sesame
Street: a continuing evaluation. Princeton: Educational
Testing Service.

Bower, R.T. (1973) Television and the public. N.Y.: Holt, Rine-
hart and Winston.

Boyd-Barrett, Oliver (1977) "Media imperialism: toward an
international framework for the analysis of media systems,"
in James Curran et al. (eds.) mass communication and society.
London: Arnold, pp. 116-35.

Brown, Jay (1978) Characteristics of local audience. Hampshire,
England: Saxon House.

Campbell, Donald. T and Julian Stanley(1963) Experimental andquasi
experimental designs for research. Chicago: Rand McNally.

Cardoso, F. and E. Faletto (1979) Dependency and development
in Latin America. Berkeley: University of California Press.

Carey, James W. (1977) "Mass communication research and cultural
studies: an American view," in Curran et al. (eds.) mass
communication and society. London: Arnold, pp. 409-25.

Cazencuve, Jean (1974) "Television as a functional alternative to
traditional sources of need satisfaction," in Jay G. Blumler

and Elihu Katz (eds.) the uses of mass communication. Beverly Hills, California: Sage, pp. 213-223.

Chen, Shih-min (1977) Social structure and newspaper circulation in nonmetropolitan communities in Minnesota. Unpublished Ph. D. dissertation, Minneapolis, University of Minnesota.

Cherry, Colin (1971) World communication: threat or promise? N.Y.: Wiley-Interscience.

Chu, Godwin C. (1977) Radical change through communication in Mao's China. Honolulu: the University Press of Hawaii.

──(1978) Popular media in China: shaping new cultural patterns. Honolulu: the University Press of Hawaii.

──and F. Hsu (1979) Moving a mountain: cultural change in China. Honolulu: the university Press of Hawaii.

Clark, Wesley C. (1979) "The impact of mass communications in America," in Everette E. Dennis, Arnold Ismach and Donald M. Gillmore (eds.) enduring issues in mass communication. St. Paul, Minnesota: West.

Coffin, T. (1955) "The impact of television," American Psychologist, 10: 630-41.

Coleman, James S. et al. (1966) Equality of educational opportunity. Washington D.C.: U.S. Government Printing Office.

Comstock, George (1980) Television in America. Beverly Hills, California: Sage.

──et al. (1978) Television and human behavior. N.Y.: Columbia University Press.

Cunningham & Walsh (1958) Videotown, 1948-1957. N.Y.: Cunningham & Walsh Co.

Davison, W. Phillips, James Boylan and Frederick T.C. Yu (1976) Mass media: system and effects. N.Y.: Praeger.

De Fleur, Melvin L. and Sandra Ball-Rokeach (1975) Theories of mass communication, 3rd edition. N.Y.: David Mckay.

Dervin, Brenda (1980) "Communication gaps and inequities: moving toward a reconceptualization," in Brenda Dervin and Melvin J. Voigt (eds.) progress in communication science, volume 2. Norwood, N.J.: Ablex, pp. 73-112.

Deutch, Karl (1961) "Social mobilization and political development," American Political Science Review. 55:463-515.

Dimaggio, Paul (1982) "Cultural entrepreneurship in nineteenth-century Boston: the creation of an organizational base for high culture in America," Media, Culture and Society. 4 (1):33-50.

Dogan, Mattei and Stein Rokkan (eds.) Quantitative ecological analysis in the social sciences. Cambridge: M.I.T. Press.

Donohue, G.A., P.J. Tichenor and C.N. Olien (1975) " Mass media and the knowledge gap: a hypothesis reconsidered," Communication Research. 2: 3-23.

Doob, Anthony N. and Glenn MacDonald (1979) "Television viewing and fear of victimization: is the relationship causal?" Journal of Personality and Social Psychology. 37 (2): 170-79.

Dordick, Herbert S., Helen G. Bradley and Burt Nanus (1981) The emerging network market place. Norwood, N.J.: Ablex.

Dreitzel, Hans Peter (1970) Recent sociology 2. N.Y.: Macmillan.

Dube, S.C. (1967) "A note on communication in economic development," in Daniel Lerner and Wilbur Schramm (eds.) communication and change in the developing countries.

Honolulu: the University Press of Hawaii. pp. 92–7.

Eisenstadt, S.N. (1966) Modernization: protest and change. Englewood, N.J.: Prentice-Hall.

——(1970) "Social change and development," in Eisenstadt (ed.) readings in social evolution and development. Oxford: Pergamon Press.

——(1973) Tradition, change and modernity. N.Y.: John Wiley.

——(1976) "The changing vision of modernization and development,"in Wilbur Schramm and Daniel Lerner (eds.)communication and change: the last ten years——and the next. Honolulu: the University Press of Hawaii, pp. 31–44.

Emmanuel, A. (1972) Unequal exchange. N.Y.: Monthly Review Press.

Enzensberger, Hans M. (1972) "Constituents of a theory of the media," in Denis McQuail (ed.) sociology of mass communications. London: Penguin, pp. 99–116.

——(1974) The consciousness industry. N.Y.: Seabury Press.

Escarpit, R. (1977) "The concept of 'mass'," Journal of Communication. 27:44–7.

Ettema, James S. and F. Gerald Kline (1977) "Deficit, differences and ceilings: contingent conditions for understanding the knowledge gap," Communication Research. 4: 179–202.

Findahl, Olle and Birgitta Hoijer (1981) "Studies of news from the perspective of human comprehension," in G. Cleveland Wilhoit and Harold de Bock (eds.) mass communication review yearbook, volume 2. Beverly Hills, California: Sage, pp. 393–403.

Frank, Andre Gunder (1967) Capitalism and underdevelopment in Latin America. N.Y.: Monthly Review Press.

——(1969) Latin America: underdevelopment or revolution. N.Y.: Monthly Review Press.

Frey, Frederic W. (1973) "Communication and development," in Ethiel de Sola Pool et al. (eds.) handbook of communication. Chicago: Rand McNally, pp. 337-432.

——Friedman, Norman L. (1977) "Mass communications and popular culture: convergent fields in the study of mass media?" Mass Communication Review. 4 (1): 20-28.

Frith, Simon (1980) "Music for pleasure," Screen Education. 34: 51-66. Reprinted in Whitney and Wartella (eds.) mass communication review yearbook, volume 3.Beverly Hills,California: Sage, pp. 493-503.

Galtung, Johan (1971) "A structural theory of imperialism," Journal of Peace Research. 8 (2): 81-117.

Gans, Herbert J. (1974) Popular culture and high culture. N.Y.: Basic Books.

——(1979) Deciding what's news. N.Y.: Pantheun.

Genova, B.K.L. and Bradley S. Greenberg (1979) "Interest in news and knowledge gap," Public Opinion Quarterly. 43: 79-91.

Gerbner, George, Larry P. Gross and William H. Melody (1973) Communication technology and social policy. N.Y.: John Wiley.

——et al. (1980) "The 'mainstreaming' of America: violence profile no. 11," Journal of Communication. 30 (3):10—29.

Ginsberg M. (1970) "Social change," in S.N. Eisenstadt (ed.)

readings in social evolution and development. Oxford: Pergamon Press, pp. 37-69.

Golding, Peter (1981) "The missing dimensions—news media and the management of social change," in Katz and Szecsko (eds.) mass media and social change. Beverly Hills, California: Sage, pp. 63-81.

——and Graham Murdock (1978) "Theories of communication and theories of society," Communication Research. 5(3):339-56.

Goode, William J. (1977) Principles of sociology. N.Y.: McGraw-Hill.

Goulder, Alvin W. (1958) "Cosmopolitans and locals," Administrative Science Quarterly. 2:281-306.

Gramsci, Antonio (1971) Selections from the prison notebooks. translated and edited by Q. Hoare and G. Nowell-Smith. London: Lawrence and Wishart.

Gross, Larry P. (1973) "Modes of communication and the acquisition of symbolic competence," in George Gerbner et al. (eds.) communications technology and social policy. N.Y.: John Wiley.

Growley, David (1981) "Harold Innis and the modern perspective of communication and dependency," in William H. Melody et al. (eds.) culture, communication and dependency. Norwood, N.J.: Ablex, pp. 235-46.

van den Haag, Ernest (1957) "Of happiness and of despair we have no measure," in Rosenberg and White (eds) mass culture: the popular arts in America. Glencoe, Ill.: Free Press, pp. 504-36.

Holloran, James D. (1982) "The context of communication research," in Whitney and Wartella (eds.) mass communication review yearbook, volume 3. Beverly Hills, California: Sage, pp. 163-205.

Hamelink, Cees J. (1979) "The new international economic order and the new international information order," paper presented to the Unesco International Commission for the Study of Communication Problems.

Hardt, Hanno (1979) Social theories of the press: early German and American perspectives. Beverly Hills, California: Sage.

Harms, L.S. (1977) "Toward a shared paradigm for communication: an emerging foundation for the new communication policy and communication planning science," in Rahim and Middleton (eds.) perspective in communication policy and planning. Honolulu: East-West Communication Institute, pp. 77-79.

Hebdige, Dick (1981) "Towards a cartography of taste, 1935-1962," in Bernard Baites et al. (eds.) popular culture: past and present. London: Croom Helm, pp. 194-218.

Himmelweit, A. Oppenhiem and P. Vince (1958) Television and the child. London: Oxford Press.

Hirsh, Paul M. (1980) "The 'scary world' of the nonviewer and other anomilies: a reanalysis of Gerbner et al.'s finding on cultivation analysis," Communication Research. 7 (4): 403-56.

——(1981a) "On not learning from one's mistakes: a reanalysis of Gerbner et al.'s findings on cultivation analysis, Part 2," Communication Research. 8 (1): 3-37.

——(1981b) "Institutional functions of elite and mass media," in

Katz and Szecsko (eds.) mass media and social change. Beverly Hills, California: Sage, pp. 187-200.

Holsti, Ole R. (1969) Content analysis for the social sciences and humanities. Reading, Mass.: Addison-Wesley.

Hoogvelt, Ankie (1982) The third world in global development. London: Macmillan.

Hovland, Carl I. (1953) Communication and persuasion. New Haven: Yale University Press.

——(1957) The order of presentation. New Haven: Yale University Press.

Hyman, Herbert H. and Paul B. Shearsley (1947) "Some reasons why information campaigns fail," Public Opinion Quarterly. 11: 413-23.

Inayatullah (1967) "Toward a non-western model of development," in Daniel Lerner and Wilbur Schramm (eds.) communication and change in the developing countries. Honolulu: the University Press of Hawaii, pp. 98-102.

Inkeles, Alex and D.H. Smith (1974) Becoming modern: individual change in six developing countries. Cambridge, Mass.: Harvard University Press.

Innis, Harold A. (1972) Empire and communications. Toronto: University of Toronto Press.

Janowitz, Morris (1967) The community press in an urban setting. Chicago: the University of Chicago Press.

Janus, Noreene Z. (1981) "Advertising and the media in the era of the global corporation," in McAnany et al. (eds.) communication and social structure: critical studies in mass media research. N.Y.: Praeger, pp. 287-316.

Jussawalla, Meheroo and George M. Beal (1981) "Development paradigms: old and new," paper for the East-West Communication Institute, Honolulu, Hawaii.

Kahl, Joseph A. (1966) The measurement of modernism: a study of values in Brazil and Mexico. Austin, Texas: the University of Texas Press.

Kato, Hidetoshi (1975) "Essays in comparative popular culture," papers of the East-West Communication Institute, Honolulu, Hawaii.

Katz, Elihu (1979) "Culture continuity and change: role of the media," in Nordenstreng and Schiller (eds.) national sovereignty and international communication. Norwood, N.J.: Ablex, pp. 65-81.

——and Paul F. Lazarsfeld (1955) Personal influence. Glencoe, Ill.: Free Press.

——and Michael Gurevitch (1976) The secularization of leisure: culture and communication in Israel. London: Faber & Faber.

——and Tamas Szecsko (1981) Mass media and social change. Beverly Hills, California: Sage.

——and George Wedell (1977) Broadcasting in the third world: promise and performance. London: Macmillan.

Katzman, N. (1974) "The impact of communication technology: promises and prospects," Journal of Communication. 24: 47-58.

Kenny, David A. (1975) "Cross-lagged panel correlation: a test for spuriousness," Psychological Bulletin. 82: 887-903.

Kline, F. Gerald (1971) "Media time-budgeting as a function of demographics and life style," Journalism Quarterly. 48: 211-21.

Kornhauser, William (1959) The politics of mass society. Glencoe, Ill.: Free Press.

——(1968) "Mass society," in international encyclopedia of the social sciences. N.Y.: Free Press.

Klapp, Orrin E. (1982) "Meaning lag in the information society," Journal of Communication. 32 (2): 56-66.

Klapper, Joseph (1960) The effects of mass communication. Glencoe, Ill.: Free Press.

Lang, Kurt and Gladys Lang (1971) "The unique perspective of television and its effect: a pilot study," in Wilbur Schramm and Donald F. Roberts (eds.) the process and effects of mass communication, revised edition. Urbana, Ill.: University of Illinois Press, pp. 169-88.

Lasswell, Harold D.(1927) Propaganda technique in the world war. N.Y.: Alfred A. Knopf.

Lazarsfeld, Paul F. (1971) "Introduction," in Rosenberg and White (eds.) mass culture revisited. N.Y.: van Nostrand.

——(1975) "Working with Merton," in Lewis A. Coser (ed.) the idea of social structure: papers in honor of Robert K. Merton. N.Y.: Harcount Brace Jovanovich, pp. 35-66.

——and Robert Merton (1948) "Mass communication, popular taste and organized social action," in Lyman Bryson (ed.) the communication of idea. N.Y.: Harper & Brothers, pp. 95-118.

Lee, Chin-chuan (1980) Media imperialism reconsidered: the homogenizing of television culture. Beverly Hills, California: Sage.

Lerner, Daniel (1958) The passing of traditional society: modernizing the Middle East. Glencoe, Ill.: Free Press.

——(1973) "Communication and urbanization: some research issues," in H. Kato, J. NcHale and D. Lerner (eds.) communication and the city: the changing environment. Honolulu: East-West Communication Institute, pp. 31-44.

——(1974) "Mass communication and the nation state," in W. Phillips Davison and Frederic T.C. Yu (eds.) mass communication research: major issues and future directions. N.Y.: Praeger, 85-92.

——(1976) "Technology, communication, and change," in Wilbur Schramm and Daniel Lerner (eds.) communication and change: the last ten years——and the next. Honolulu: the University of Hawaii Press, pp. 287-301.

——(1977) "Communication and development," in Daniel Lerner and Lyle N. Nelson (eds.) communication research—a half-century appraisal. Honolulu: the University Press of Hawaii, pp. 148-66.

Lewis, George H. (1981) "Taste culture and their composition: toward a new theoretical perspective," in Katz and Szecsko (eds.) mass media and social change. Beverly Hills, California: Sage, pp. 201-17.

Liu, Alan P. L. (1971) Communications and national integration in Communist China. Berkeley: University of California Press.

Lowenthal, Leo (1957) "Historical perspectives of popular culture," in Rosenberg & White (eds.) mass culture. Glencoe, Ill.: Free Press, pp. 46-58.

MacBride, Sean (1980) Many voices, one world. Paris: Unesco.

MacDonald, Dwight (1957) "A theory of mass culture," in Rosen-berg and White (eds.) mass culture. Glencoe, Ill.: Free Press, 59-73.

Maisel, Richard (1973) "The decline of mass media," Public Opinion Quarterly. 37: 159-70.

Masuda, Yoneji (1981) The information society as post-industrial society. Tokyo: Institute for the Information Society.

Mattelart, Armand (1979) Multinational corporations and the control of culture: the ideological apparatuses of imperialism. Atlantic Highlands, N.J.: Humanities Press.

Mayer, Robert R. (1972) Social planning and social change. Englewood, N.J.: Prentice Hall.

McAnany, Emilo G., Jorge Chinitman and Noreene Janus (1981) Communication and social structure. N.Y.: Praeger.

McCombs, Maxwell and Donald L. Shaw (1972) "The agenda-setting function of mass media," Public Opinion Quarterly. 36: 176-87.

——(1978) The emergence of American political issues. St. Paul, Minnesota: West.

——and Chaim H. Eyal (1980) "Spending on mass media," Journal of Communication. 30 (1):153-58.

McGowan, P.J. and D.L. Smith (1978) "Economic dependency in black Africa," International Organization. 32 (1): 179-235.

McHale, John (1973) "Some notes on the changing information environment for man," paper of the East-West Communication Institute, Honolulu, Hawaii.

McQuail, Denis (1969) Towards a sociology of mass communications.

London: Macmillan.

———(1972) Sociology of mass communications. London: Penguin.

Melody, William H. (1977) "The role of communication in development planning," in Syed A. Rahim and John Middleton (eds.) perspectives in communication policy and planning. Honolulu: East-West Communication Institute, pp. 24-40.

———et al. (1981) Culture, communication and dependency: the tradition of H. A. Innis. Norwood, N.J.: Ablex.

Merril, John C. (1974) The imperative of freedom: a philosophy of journalistic autonomy. N.Y.: Hastings House.

Merton, Robert K. (1968) Social theory and social structure. N.Y.: Free Press.

Milburn, Michael A. (1979) "A longitudinal test of the selective exposure hypothesis," Public Opinion Quarterly. 43: 507-17.

Millikan, Max F. (1967) "The most fundamental techological change," in Daniel Lerner and Wilbur Schramm (eds.) communication and change in the developing countries. Honolulu: the University Press of Hawaii, pp. 3-4.

Mills, C. Wright (1956) The power elite. N.Y.: Oxford University Press.

Nedzynski, Stefan (1973) "Inequalities in access to communication facilities for working-class organizations," in Gerbner et al. (eds.) communication technology and social policy. N.Y.: John Wiley, pp. 413-423.

Noelle-Newmann, Elizabeth (1973) "Return to the concept of powerful mass media," Studies of Broadcasting. 9: 67-112.

———(1974) "The spiral of silence," Journal of Communication. 24:

43-51.

Nordenstreng, Kaarle (1977) "From mass media to mass concious-
ness," in George Gerbner (ed.) mass media policies in changing
culture. N.Y.: John Wiley, pp. 269-283.

——and Herbert I. Schiller (eds.) National sovereignty and inter-
national communication. Norwood, N.J.: Ablex.

——and Tapio Varis (1974) Television traffic—a one way street?
Paris: Unesco.

Orvell, Miles (1982) "Another look at Marshall McLuhan," Dialogue
(April): pp. 24-28.

Oshima, Harry T. (1967) "The strategy of selective growth and
the role of communication," in Daniel Lerner and Wilbur
Schramm (eds.) communication and change in the developing
countries. Honolulu: the University Press of Hawaii, pp.
76-91.

Park, Robert E. (1929) "Urbanization as measured by newspaper
circulation," American Journal of Sociology. 35: 60-79.

Parker, E. B. (1977) "Planning communication technologies and
institutions for development," in Rahim and Middleton
(eds.) perspectives in communication policy and planning.
Honolulu: East-West Communication Institute, pp. 43-74.

Parsons, Talcott (1970) "Some considerations on the theory of
social change," in S.N. Eisenstadt (ed.) readings in social
evolution and development. Oxford: Pergamon Press, pp.
59-121.

Peterson, Richard A. (1981) "Measuring culture, leisure, and time
use," the Annals of the American Academy of Political and

Social Science. 453 (January): 169–79.

——and P. Dimaggio (1975) "From region to class: the changing focus of country music," Social Forces. 53:497–506.

Pinard, Maurice (1969) "Mass society and political movement: a new formulation," in Hans Peter Dreitzel (ed.) recent sociology, no. I. London: Macmillan, pp. 99–114.

de Sola Pool, Ethiel (1974) "The rise of communication policy research," Journal of Communication. 24 (2): 31–42.

Pye, Lucian (1963) Communication and political development. Princeton, N.J.: Princeton University Press.

Rapoport, Rhona and Robert N. Rapoport (1975) Leisure and the family life cycle. London: Routledge and Kegan Paul.

Rao, Y.V.L. (1966) Communication and development: a study of two Indian villages. Minneapolis: University of Minnesota Press.

Riesman, David (1973) The lonely crowd. New Haven: Yale University press.

Robinson, John P. (1972) "Television's impact on everyday life: some cross-national evidence," in Eli A. Rubinstein et al. (eds.) television in day-to-day life: patterns of use. Washington D.C.: U.S. Government Printing Office, pp. 410–31.

——(1977) How Americans use time. N.Y.: Praeger.

Robinson, William S. (1950) "Ecological correlations and the behavior of individuals," American Sociological Review. 15: 351–57.

Rogers, Everett M. (1969) Modernization among peasants: the impact of communication. N.Y.: Holt, Rinehart and Winston.

——(1973) "Social structure and social change," in Gerald Zaltman (ed.) process and phenomena of social change. N.Y.: John Wiley, pp. 75-87.

——(1976) "Communication and development: the passing of the dominant paradigm," Communication Research. 3: 213-40.

——(1978) "The rise and fall of the dominant paradigm," Journal of Communication. 28: 64-69.

Rosenberg, Bernard and David Minning White (1957) Mass culture: the popular arts in America. Glencoe, Ill.: Free Press.

——(1971) Mass culture revisited. N.Y.: van Norstrand.

The Roper Organization (1975) Trends in public attitudes toward television and other media 1957-1974. N.Y.: Television Information Office.

Rosengren, Karl Erik (1981a) "Mass media and social change: some current approaches," in Katz and Szecsko (eds.) mass media and social change. Beverly Hills, California: Sage, pp. 247-63.

——(1981b) "Mass communications as cultural indicators: Sweden, 1945-1975," in Wilhoit (ed.) mass communication review yearbook, volume 2. Beverly Hills, California: Sage. pp. 717-37.

——and Swen Windahl (1972) "Mass media consumption as a functional alternative," in Denis McQuail (ed.) sociology of mass communication. London: Penguin, pp. 164-94.

Rosenthal, Howard (1973) "Aggregate data," in Ethiel de Sola Pool et al. (eds.) handbook of communication. Chicago: Rand McNally, pp. 915-37.

Sahin, Haluk and John P. Robinson (1981) "Beyond the ream of necessity: television and the colonization of culture," Media, Culture and Society. 3 (1): 85-95.

Salinas, Raquel and Leena Paldan (1979) "Culture in the process of dependent development: theoretical perspectives," in Nordenstreng and Schiller (eds.) national sovereignty and international communication. Norwood, N.J.: Ablex, pp. 82-98.

Sarti, Ingrid (1981) "Communication and cultural dependency: a misconception," in Emile G. McAnany et al. (eds.) communication and social structure. N.Y.: Praeger, pp. 317-34.

Scheuch, Erwin K. (1970) "Cross-national comparisions using aggregate data," in Amitai Etzioni and Frederic L. Dubow (eds.) comparative perspective: theories and methods. Boston: Little, Brown and Company, pp.365-83.

Schiller, Hebert I. (1969) Mass communications and American empire. Boston: Beacon Press.

——(1973) The mind managers. Boston: Beacon Press.

——(1976) Communication and cultural domination. N. Y.: International Arts and Science Press.

——(1981) Who knows: information in the age of Fortune 500. Norwood, N.J.: Ablex.

Schramm, Wilbur (1964) Mass media and national development. Stanford, CA: Stanford University Press.

——(1972) The quality of instructional television. Honolulu: the University of Hawaii press.

——(1976) "An open letter to Media Asia reader," Media Asia. 1 (1):5-11.

——(1977) Big media, little media: tools & technology for instruction. Beverly Hills, CA: Sage.

——and W. Lee Ruggels (1967) "How mass media systems grow," in Lerner and Schramm (eds.) communication and change in the developing countries. Honolulu: the University Press of Hawaii, pp. 92-7.

——and Daniel Lerner (1976) Communication and change: the last ten years: and the next. Honolulu: the University Press of Hawaii.

Shiebert, F.S., T. Peterson and Wilbur Schramm (1956) Four theories of the press. Urbana, Ill.: University of Illinois Press.

Shils, Edward (1971) "Mass society and its culture," in Rosenberg & White (eds.) mass culture revisited. N.Y.: van Norstrand, pp. 61-84.

Shingi, Prakash M. and Bella Mody (1976) "The communication effects gap: a field experiment on television and agricultural ignorance in India," Communication Research. 3: 171-90.

Smith, M.A., S. Parker and C.S. Smith (1973) Leisure and society in Britain. London: Allen Lane.

Stouffer, Samuel A. et al. (1949) The American soldier. Princeton, N.J.: Princeton University Press.

Swingewood, Alan (1977) The myth of mass culture. London: Macmillan.

Tehranian, Majid (1979) "Development theory and communications policy: the changing paradigms," in Melvin J. Voigt et al. (eds.) Progress in communication sciences, volume I. Norwood, N.J.: Ablex, pp. 119-65.

Tejes, Fred (1981) "Media imperialism: an assessment," Media, Culture and Society. 3 (3): 281-89.

Toffler, Alvin (1980) Future shock. N.Y.: William Morrow.

——(1981) The third wave. N.Y.: Bantam.

Thompson, E.P. (1968) The making of the English working class. London: Penguin.

Tichenor, P.J., G.A. Donohue and C.N. Olien (1970) "Mass media flow and differential growth in knowledge," Public Opinion Quarterly. 34:159-70.

——(1973a)"mass communication research: evolution of a structural model," Journalism Quarterly. 50: 419-25.

——(1973b) "Community issues, conflict, and public affair knowledge," in Peter Clarke (ed.) new models for mass communication research. Beverly Hills, CA: Sage, pp. 45-79.

Tuchman, Gaye (1978) Making news: a study in the construction of reality. N.Y.: Free Press.

——(1982) "Culture as resource: actions defining the Victorian novel," Media, Culture and Society. 4 (1): 3-18.

Tunstall, Jeremy (1970) Media sociology. London: Constable.

——(1977) The media are American: Anglo-American media in the world. N.Y.: Columbia University Press.

The Twentieth Century Fund (1978) A free and balanced flow. Lexington, Mass.: Lexington Books.

Varis, Tapio (1976) "Global traffic in television," Journal of Communication. 10: 2-9.

Vogel, Ezra F. (1979) Japan as number one: lessons for America. Cambridge, Mass,: Harvard University Press.

Wallerstein, Immanuel (1974) The modern world system. N.Y.: Academic Press.

——(1980) The capitalist world economy. N.Y.: Cambridge University Press.

Warren, Bill (1980) Imperialism: pioneer of capitalism. London: New Left Books.

Weaver, David H. (1982) "Media agenda-setting and media manipulation," in Whitney and Wartella (eds.) mass communication review yearbook, volume 3. Beverly Hills, CA: Sage, pp. 537-54.

Weiss, W. (1970) "Effects of the mass media of communication," in G. Lindzey and E. Aronson (eds.) handbook of social psychology, volume 5. Reading, Mass.: Addison-Wesley. pp. 77-195.

Wells, Alan (1972) Picture-tube imperialism? Maryknoll, N.Y.: Orbis Books.

Williams, Frederick (1982) The communication revolution. Beverly Hills, CA: Sage.

Williams, Raymond (1958) Culture and Society 1780-1950. London: Chatto and Windus.

——(1965) The long revolution. London: Penguin.

——(1974) Television: technology and cultural form. London: Fontana Books.

——(1976) Keywords—a vocabulary of culture and society. London: Croom Helm.

——(1977) Marxism and literature. London Oxford University Press.

Windahl, Sven (1981) "Uses and gratifications at the crossroads,"
in G. Cleveland Wilhoit (ed.) mass communication review
yearbook, volume 2. Beverly Hills, CA: Sage, pp. 174-85.

Wright, Charles R. (1975a) Mass communication—a sociological
perspective, 2nd edition. N.Y.: Random House.

——(1975b) "Social structure and mass communication behavior,"
in Lewis A. Coser (ed.) the idea of social structure: papers
in honor of Robert K. Merton. N.Y.: Harcourt Brace Jovanv-
ich, pp. 379-413.

Yu, Frederic T.C. (1977) "Communication policy and planning
for development: some notes on research," in Daniel Lerner
and Lyle M. Nelson (eds.) communication research—a half-
century appraisal. Honolulu: the University Press of Hawaii,
pp. 167-90.

中譯人名對照表

三　畫

大島	Oshima

四　畫

巴伯	Barber
巴奈特	Barnet
巴倫	Barran
孔恩	Kuhn
孔豪瑟	Kornhauser
孔德	Comte

五　畫

史杜佛	Stouffer
史賓塞	Spencer
卡多索	Cardoso
卡爾	Kahl
加爾東	Galtung
平納德	Pinard
白魯恂	Pye
甘斯	Gans
甘寧漢	Cunninghain

六　畫

休茲	Schutz
伊特瑪	Ettema
艾森斯德	Eisenstadt
托基維利	de Tocqueville

七　畫

杜佛勒	Toffler
李溫	Lewin
貝爾	Bell
貝爾森	Belson
貝羅	Berlo
谷騰堡	Gutenberg
狄馬久	Dimaggio
狄福樓	De Fleur
克拉克	Clark
吳道	Udell
伯恩斯坦	Bernstein

八　畫

林頓	Linton
林德夫婦	The Lynds
法雷圖	Faletto
法蘭克	Frank
芮斯曼	Riesman
亞敏	Amin

東尼斯	Tonnies
阿多諾	Adorno
阿諾德	Arnold
拉帕波	Rapoport
拉查斯菲	Lazarsfeld
拉斯威爾	Lasswell

九　畫

柯列普	Klapp
柯芬	Coffin
柯烈伯	Klapper
柯曼	Coleman
柯爾	Cole
威廉斯	Williams, Frederic
威爾遜	Wilson
梅里甘	Millikan
柏格	Berger
施蘭姆	Schramm
派克	Park
郎氏夫婦	The Langs

十　畫

倫納	Lerner
馬克布萊	MacBride
馬亭戴爾	Martindale
柴利	Cherry
莎士比亞	Shakespeare

班乃特	Bennett
高爾丁	Golding
席爾斯	Shils
韋德爾	Wedell
殷尼斯	Innis
殷克列斯	Inkeles

十一畫

密爾斯	Mills
許勒	Schiller
華特	Ward
華倫	Warren
華勒斯坦	Wallerstein
華瑞斯	Varis
梅瑟爾	Maisel
曼漢	Mannheim
麥克魯漢	McLuhan
麥唐納	MacDonald
麥納瑪拉	McNamara
麥康斯	McCombs
莫利	Morley

十二畫

萊特	Wright
提契納	Tichenor
賀夫蘭	Hovland
鄂蘭	Arendt

凱茲	Katz
喻德基	Yu
傅高義	Vogel
傅維爾	Hoogvelt
湯士多	Tunstall
富萊斯	Frith

十三畫

福洛辛諾	Volosinov
奧古朋	Ogburn
雷格斯	Riggs
塔克曼	Tuchman
葛本納	Gerbner
葛暖西	Gramsci

十四畫

赫布馬斯	Habermas
赫許	Hirsch

十五畫

劉易士	Lewis
德區	Deutch
德蘭尼	Tehranian
漢梅林	Hamelink
墨頓	Merton

十六畫

諾莉紐曼	Nolelle-Newmann
諾丹斯頓	Nordenstreng
鮑依巴瑞	Boyd-Ba　rr

十八畫

簡諾懷茲	Janowitz
韓廷頓	Huntington
魏廉斯	Williams, Raymond

十九畫

羅文索	Lowenthal
羅氏	Rao
羅吉斯	Rogers
羅森格林	Rosengren
羅森伯	Rosenberg
羅賓遜	Robinson
懷特	White
懷海德	Whitehead

三民大專用書書目

— 2 —

書名	著者		任職機構
強制執行法	陳榮宗	著	臺灣大學
法院組織法論	管 歐	著	東吳大學

政治・外交

書名	著者		任職機構
政治學	薩孟武	著	前臺灣大學
政治學	鄒文海	著	前政治大學
政治學	曹伯森	著	陸軍官校
政治學	呂亞力	著	臺灣大學
政治學概要	張金鑑	著	政治大學
政治學方法論	呂亞力	著	臺灣大學
政治理論與研究方法	易君博	著	政治大學
公共政策概論	朱志宏	著	臺灣大學
公共政策	曹俊漢	著	臺灣大學
公共政策	朱志宏	著	臺灣大學
公共關係	王德馨 等	著	交通大學
中國社會政治史(一)～(四)	薩孟武	著	前臺灣大學
中國政治思想史	薩孟武	著	前臺灣大學
中國政治思想史（上）（中）（下）	張金鑑	著	政治大學
西洋政治思想史	張金鑑	著	政治大學
西洋政治思想史	薩孟武	著	前臺灣大學
中國政治制度史	張金鑑	著	政治大學
比較主義	張亞澐	著	政治大學
比較監察制度	陶百川	著	國策顧問
歐洲各國政府	張金鑑	著	政治大學
美國政府	張金鑑	著	政治大學
地方自治概要	管 歐	著	東吳大學
國際關係——理論與實踐	朱張碧珠	著	臺灣大學
中美早期外交史	李定一	著	政治大學
現代西洋外交史	楊逢泰	著	政治大學

行政・管理

書名	著者		任職機構
行政學（增訂版）	張潤書	著	政治大學
行政學	左潞生	著	中興大學
行政學新論	張金鑑	著	政治大學

— 4 —

勞工問題	陳 鈞	著	中興大學
少年犯罪心理學	張紹徐	著	東海大學
少年犯罪預防及矯治	張華葆	著	東海大學

教　育

教育哲學	賈馥茗	著	臺灣師範大學師大教育研究所院長
教育哲學	邱志學	著	彰化師範大學
普通教學法	方炳林	著	前臺灣師範大學
各國教育制度	雷國鼎	著	臺灣師範大學傑克立州立大學政治學博士
教育心理學	溫世頌	著	克立治臺灣政治大學
教育心理學	胡秉正	著	臺灣師範大學
教育社會學	陳奎憙	著	臺灣師範大學
教育行政學	林文達	著	政治大學
教育行政原理	黄文輝	主譯	彰化師範大學
教育經濟學	蓋浙生	著	臺灣師範大學
教育經濟學	林文達	著	政治大學
工業教育學	袁立錕	著	彰化師範大學
技術職業教育行政與視導	張天津	著	臺灣師範大學
技職教育測量與評鑑	李大偉	著	臺灣師範大學
高科技與技職教育	楊啟棟	著	臺灣師範大學
工業職業技術教育	陳昭雄	著	臺灣師範大學
技術職業教育教學法	陳昭雄	著	臺灣師範大學
技術職業教育辭典	楊朝祥	編著	臺灣師範大學
技術職業教育理論與實務	楊朝祥	著	臺灣師範大學
工業安全衛生	羅文基	著	臺灣師範大學
人力發展理論與實施	彭台臨	著	臺灣師範大學
職業教育師資培育	周談輝	著	臺灣師範大學
家庭教育	張振宇	著	淡江大學
教育與人生	李建興	著	臺灣師範大學
當代教育思潮	徐南號	著	臺灣大學
比較國民教育	雷國鼎	著	臺灣師範大學
中等教育	司琦	著	政治大學
中國教育史	胡美琦	著	文化大學

書名	著者		服務機構
中國現代教育史	鄭世興	著	臺灣師大大學
中國大學教育發展史	伍振鷟	著	臺灣師大
中國職業教育發展史	周談輝	著	臺灣師大
社會教育新論	李建興	著	臺灣師大
中國社會教育發展史	李建興	著	臺灣師大
中國國民教育發展史	司琦	著	政治大學
中國體育發展史	吳文忠	著	臺灣師大
如何寫學術論文	宋楚瑜	著	臺灣大學
論文寫作研究	段家鋒	等著	政戰學校 等

心理學

書名	著者		服務機構
心理學	劉安彥	著	傑克遜州立大學 等
心理學	張春興	等著	臺灣師大 等
人事心理學	黃天中	著	淡江大學
人事心理學	傅肅良	著	中興大學

經濟·財政

書名	著者		服務機構
西洋經濟思想史	林鐘雄	著	臺灣大學
歐洲經濟發展史	林鐘雄	著	臺灣大學
比較經濟制度	孫殿柏	著	政治大學
經濟學原理（增訂新版）	歐陽勛	著	政治大學
經濟學導論	徐育珠	著	南康涅狄克州立大學
經濟學概要	歐陽勛	等著	政治大學
通俗經濟講話	邢慕寰	著	前香港大學
經濟學（增訂版）	陸民仁	著	政治大學
經濟學概論	陸民仁	著	政治大學
國際經濟學	白俊男	著	東吳大學
國際經濟學	黃智輝	著	東吳大學
個體經濟學	劉盛男	著	臺北商專
總體經濟分析	趙鳳培	著	政治大學
總體經濟學	鐘甦生	著	西雅圖銀行
總體經濟學	張慶輝	著	政治大學
總體經濟理論	孫震		臺灣

書名	著者		學校
數理經濟分析	林大侯	著	臺灣大學
計量經濟學導論	林華德	著	臺灣大學
計量經濟學	陳正澄	著	臺灣大學
經濟政策	湯俊湘	著	中興大學
合作經濟概論	尹樹生	著	中興大學
農業經濟學	尹樹生	著	中興大學
工程經濟	陳寬仁	著	中正理工學院
銀行法	金桐林	著	華南銀行
銀行法釋義	楊承厚	著	銘傳管理學院
商業銀行實務	解宏賓	編著	中興大學
貨幣銀行學	何偉成	著	臺灣大學
貨幣銀行學	白俊男	著	東吳大學
貨幣銀行學	楊樹森	著	文化大學
貨幣銀行學	李潁吾	著	臺灣大學
貨幣銀行學	趙鳳培	著	政治大學
現代貨幣銀行學	柳復起	著	澳洲新南威爾斯大學
現代國際金融	柳復起	著	澳洲新南威爾斯大學
國際金融理論與制度（修訂版）	歐陽勛等	編著	政治大學
金融交換實務	李麗	著	中央銀行
財政學	李厚高	著	逢甲大學
財政學（修訂版）	林華德	著	臺灣大學
財政學原理	魏萼	著	臺灣大學
商用英文	張錦源	著	政治大學
商用英文	程振粵	著	臺灣大學
貿易契約理論與實務	張錦源	著	政治大學
貿易英文實務	張錦源	著	政治大學
信用狀理論與實務	蕭啟賢	著	輔仁大學
信用狀理論與實務	張錦源	著	政治大學
國際貿易	李潁吾	著	臺灣大學
國際貿易實務詳論	張錦源	著	政治大學
國際貿易實務	羅慶龍	著	逢甲大學